Monika Guist

HOSENMATZ UND SCHÜRZENLIESE

Kindheitsporträts aus den 30er Jahren
in Ostwestfalen-Lippe
fotografiert von Meinhard Fenske

Wartberg Verlag

Liebe Leserin, lieber Leser,

wie kein anderes Medium vermögen uns Fotografien Geschichten zu erzählen. Detailreich und präzise sind sie historische Dokumente besonderer Art. Sie geben uns mehr als andere Quellen die Möglichkeit, Zeitgeschehnisse zu interpretieren und gleichzeitig zu empfinden.

Für die Wissenschaft und Regionalforschung ist der Nachlaß des Herforder Fotografen Meinhard Fenske mit seinen themenreichen Bildmotiven von großer Bedeutung. Die mehr als 25 000 Fotografien umfassende Sammlung erwarb der Kreisheimatverein Herford e.V. im Jahre 1987.

Eine Auswahl aus diesem Nachlaß zeigt das vorliegende Buch. Frau Monika Guist hat aus dem umfangreichen Bestand Kinderaufnahmen herausgesucht und zu einem stimmungsvollen Bilderportrait einer spezifischen Kindheit zusammengestellt. Der Kreisheimatverein Herford e.V. hat diese Arbeit gerne unterstützt. Wir danken der Autorin und wünschen dem Buch viele Leserinnen und Leser sowohl aus den Reihen der älteren, als auch der jüngeren Generation.

(Henning Kreibohm)
Vorsitzender Kreisheimatpfleger

(Heinrich Möhlmann)

1. Auflage 1997
Alle Rechte vorbehalten, auch die des auszugsweisen Nachdrucks und der fotomechanischen Wiedergabe.
Druck: Werbedruck Schreckhase, Spangenberg
Buchbinderische Verarbeitung: Hollmann, Darmstadt
© Wartberg Verlag GmbH
34281 Gudensberg-Gleichen, Im Wiesental 1
Tel.: 05603/4451 u. 2030
ISBN 3-86134-428-9

Einleitung

Zugegeben, es war der anfänglich nostalgische Blick auf die Fotografien aus den 30er Jahren, der dazu führte, Kindermotive aus dem reichhaltigen Themenangebot der Sammlung herauszusuchen. Doch beim näheren Betrachten stellte ich bald fest, daß sich dahinter viele Informationen über den Kindheitsverlauf dieser Generation verbergen.

Meine Absicht war es, anhand der Fotos dieser Kinder verschiedenster Herkunft und sozialer Schicht, ein historisches Bild von einer Kindheit aus dem ostwestfälischen Raum zusammenzusetzen. Da ich mich auf das Quellenmaterial der Fotosammlung beschränken wollte, ist dieses Bild nicht komplett.

Durch das persönliche Gespräch mit heutigen Senioren der Region, den Kindern von damals, vervollständigte sich jedoch das Bild dieser Kindheit. Deshalb werden im Folgenden einige Fotos von ihnen kommentiert. An dieser Stelle möchte ich mich für die Gespräche mit den Senioren und ihre Beiträge bedanken. Sie haben mein Verständnis für „ihre" Zeit und Generation sehr erweitert.

Es wurde deutlich, daß rückblickend die Kindheit die schönste Zeit des Lebens war. Doch waren nicht alle Erinnerungen geschönt und verklärt, wie es für Menschen nur zu natürlich ist, wenn sie an die Vergangenheit denken. Ganz im Gegenteil: Die Erinnerungen an strenge Eltern, stark disziplinierende Schuljahre und an die täglichen Hauspflichten für Jungs wie Mädchen zeigten schnell, daß es sich hier um eine Kindheit mit einem besonderen Verlauf handelt.

Es ist einfach, eine Kindheit in der Nachkriegszeit nachzuzeichnen. Viel schwieriger ist es, eine Kindheit der 30er Jahre zu dokumentieren. Im Gespräch mit Menschen dieser Generation wurde das Unbehagen deutlich, über die von ihnen nicht ausschließlich negativ erlebte HJ-Zeit zu sprechen. Vielen stellt sich wohl die Frage, ob ihre Kindheit deshalb entwertet ist.

Der Nationalsozialismus verlieh den Kindern einen Status der Eigenbestimmung, losgelöst von der Familie, aber auch von Schule und sonstiger Erwachsenenwelt. Das war ein verführerisches Bewußtsein – und ist es von einem Kind zu verlangen, die dahinterstehenden gefährlichen Strukturen zu erkennen? Wichtig bleibt, daß die späteren Erwachsenen die Konsequenzen der erlebten und mitgelebten Diktatur kritisch überdenken.

Doch soll diese Frage im vorliegenden Bildband nicht diskutiert werden. Aber aus diesem Grunde wird dieser Teil der Kindheit nicht weggelassen, sondern als durchaus spezifischer Charakterzug gezeigt.

Hinter dem Buch steht das lebhafte Bemühen um eine historische Einordnung der Fotografien. Dabei erfahren einige Fotos vielleicht eine andere Interpretation, als der nostalgisch verschleierte Blick zunächst vermuten läßt.

Die kleinen Bauernmädchen, die „Schürzenliesen", waren nicht nur niedlich anzusehen mit ihren Schürzchen und Kleidern, sondern viel zu junge Teilnehmerinnen an den ländlichen Arbeitsprozessen der Erwachsenen. Die Knaben mit ihren Baumwollhosen und kniehohen Wollstrümpfen, die „Hosenmätze" eben, bekamen ihre Männerrolle schon früh anerzogen, im Arbeits- ebenso wie im familiären Lebensbereich.

Ein Kinderleben in den 30er Jahren war einerseits durch Entbehrungen und schwere Arbeit geprägt, andererseits aber bestimmt von Harmonie und Geborgenheit einer kleinstädtischen oder dörflichen Hilfsgemeinschaft.

Aus heutiger Sicht kennzeichnete das „Dritte Reich" diese Kindergeneration, die in eine organisierte Freizeitwelt ver- und geführt wurde. In ihrer Jugend ließen Not und Knappheit der Nachkriegszeit manchen Zukunftstraum zerplatzen.

Die grundlegenden Veränderungen der Lebensverhältnisse von Kindern und Jugendlichen werden je nach Standpunkt des Betrachters unterschiedlich bewertet: Was die einen als Verlust an Solidarität und jeglicher Erziehungsprinzipien beklagen, sehen andere als Vergrößerung der Chancen zu Selbständigkeit und Zuwachs persönlicher Freiheiten.

Sollte die Zusammenstellung vorliegender Bilder zum besseren Verständnis dieser oft verschwiegenen oder umstrittenen Kindheit beitragen, hat sie ihr Ziel erreicht.

Monika Guist

Der Fotograf Meinhard Fenske

Meinhard Fenske wurde 1904 in Krefeld geboren. Er kam durch seine Heirat nach Herford. Nach einer Elektrikerlehre arbeitete er zunächst freiberuflich als Fotograf, Filmvorführer, Grafiker und Filmproduzent.

Seit 1927 fotografierte er Land und Leute in Ostwestfalen-Lippe. Der Fotograf und Künstler sah sich selbst als „Bildberichterstatter". Hinter den meisten Fotografien steckte eine Zielrichtung, denn er fotografierte nach Auftrag. Er verkaufte die Bilder an Zeitungen, Zeitschriften und Buchverlage.

Der Fotograf besaß ein Motorrad und später ein Auto; das machte ihn mobil. Ganz im Stil der Zeit fotografierte er gerne das kleinstädtische und ländliche Leben, auf welches man angesichts der schnell wachsenden Städte sehnsüchtig blickte. So wirken einige seiner Fotos idyllisch und sind zum Teil gestellt. Die Frage nach der sozialen Wirklichkeit beantworten sie nur indirekt.

Meinhard Fenske arbeitete in den Kriegsjahren als Kriegsberichterstatter u.a. in der Ukraine. Dort verunglückte er am 11. Juli 1943 tödlich.

Eine Sammlung mit Kondolenzbriefen und -karten dokumentiert, wie bekannt Meinhard Fenske als Fotograf und Filmer war. Unter anderem hatte er auch mit dem städtischen Museum in Bielefeld zusammengearbeitet und saß im kulturellen Beirat der Berliner Filmgesellschaft „Tobis".

Seine Familie bewahrte die Fotografien bis 1987 auf. In diesem Jahr erstand der Kreisheimatverein Herford e.V. den umfangreichen Nachlaß. Meinhard Fenskes Fotografien sind im Kommunalarchiv Herford für die Öffentlichkeit zugänglich und stehen nicht nur Historikern zur Verfügung.

Der Fotograf hatte eine damals moderne Leica-Kamera. In diese konnten Kleinbildfilme eingelegt werden, wie sie heute noch üblich sind. Das erlaubte ihm manch einen Schnappschuß, wie einige der nachfolgenden Fotos beweisen.

Vorher wurde mit Glasplatten fotografiert, die einzeln eingelegt werden mußten. Das Gewicht der Platten machte sich in der Ausrüstung bemerkbar. Der Mann hinter der Kamera der Plattenfotografie war nicht sehr flexibel. Gerade Kindern fiel das oft minutenlange „Stillhalten" besonders schwer.

Insbesondere die Kinderaufnahmen Meinhard Fenskes zeigen Nähe. Die Jungen und Mädchen scheinen sich durch die Anwesenheit des Fotografen in ihrem Alltagsleben nicht gestört zu fühlen. Das Ergebnis sind eindrucksvolle Fotos mit fröhlichen, nachdenklichen, ernsten oder lachenden Kindergesichtern.

Die Zwischenkriegsjahre

In der Zeit nach dem Ersten Weltkrieg trat ein langsamer Wandel der Bedingungen ein, die das Familienleben und damit das Kinderleben bestimmten. Wahlrecht und neue Bildungsmöglichkeiten eröffneten einigen Frauen unbekannte Perspektiven. Das Ende der Monarchie schien Deutschland eine demokratische Zukunft zu eröffnen.
Aber die Nachwirkungen des Krieges, die Inflation und Existenzsorgen erlaubten gerade den Mittelstands- und Bauernfamilien im ostwestfälischen Raum nur langsam den Einstieg in eine neue Welt.
Die drängende Frage der Eingliederung der heimkehrenden Soldaten in die Wirtschaft konnte nur mühsam gelöst werden. Für die Arbeitslosen, die Kriegsinvaliden und -hinterbliebenen wurden von den Städten und Gemeinden in Ostwestfalen-Lippe große Anstrengungen gemacht, die zur Linderung individueller Not dennoch nicht immer ausreichten.
Der Höhepunkt der Arbeitslosigkeit wurde im heutigen Herforder Kreisgebiet im Jahre 1926 erreicht. Im Rahmen des Möglichen vergaben Städte und Gemeinden Notstandsarbeiten; doch veränderte sich dadurch die Gesamtlage kaum.
Obwohl sich bis 1927 das wirtschaftliche Leben stabilisierte, hatten die Zeitgenossen den Eindruck eines nur labilen Gleichgewichts.
Trotz erheblicher Zuwachsraten des Volkseinkommens trafen die Folgen des New Yorker Börsenkrachs im Oktober 1929 und die daran anschließende Weltwirtschaftskrise die deutsche Wirtschaft mit Arbeitslosigkeit und sinkenden Einkommen besonders hart. Nicht nur die vielen Beschäftigten der Tabakindustrie im Ravensberger Land gingen vergeblich auf Arbeitssuche.
Die Reichstagswahlen des Jahres 1930 ergaben erstmals einen starken Einbruch der Nationalsozialisten. Der Zerfall der die Weimarer Republik tragenden Parteien und die Radikalisierung des politischen Lebens waren im ostwestfälischen Raum nicht zu verkennen.
In dieser Zeit der Unsicherheit blieben die alten autoritären und patriarchalischen Familienvorstellungen weiter bestehen und machten es dem Nationalsozialismus leicht, seine Ideologie an Mann, Frau und Kind zu bringen.

In dieser Atmosphäre wuchsen die Kinder heran, deren Kindesalter schwer auszumachen ist. Wenn man bedenkt, wie aktiv diese Kinder in den familiären Arbeitsprozeß eingebunden waren, dann verschieben sich heutige Maßstäbe für Erwachsensein. Deshalb zeigen diese Fotos hauptsächlich Kinder bis zum 14. Lebensjahr, dem Zeitpunkt der Konfirmation. Nur wenige Kinder der Mittelstandsfamilien in den Kleinstädten konnten die höhere Schule besuchen. Noch seltener war dies Bauernsöhnen, geschweige denn -töchtern, möglich.

Bei dem Versuch, die Kinderfotografien in „ihre Zeit" einzubetten, stellen sich vier große Themen der Kinderkultur in den Mittelpunkt der Darstellung: Arbeit und Spiel der Landkinder einerseits und der Stadtkinder andererseits. Die Schulzeit und die Erziehung der Kinder im Nationalsozialismus bilden die nächsten beiden Schwerpunkte.

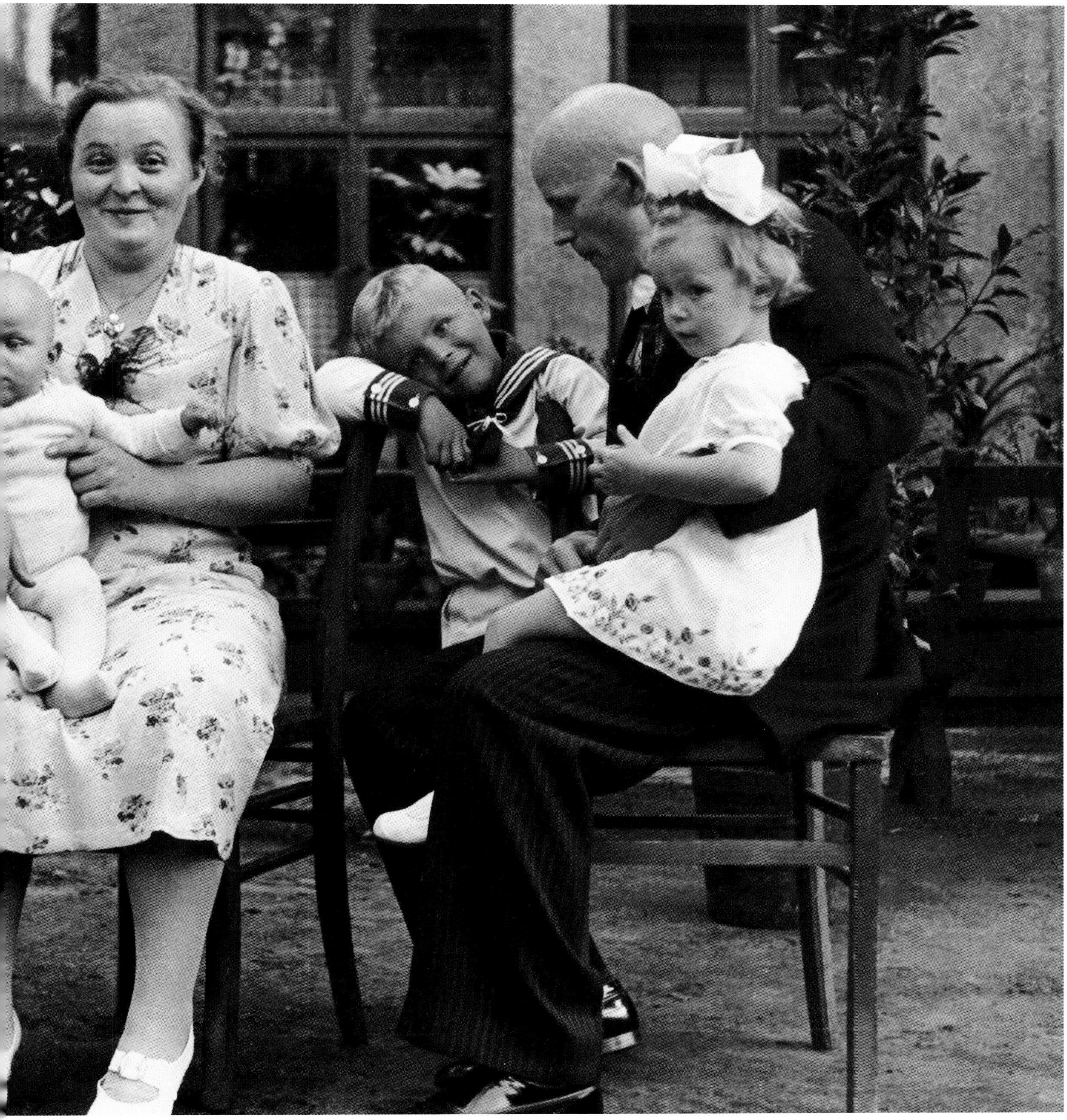

I. Kinderwelten auf dem Land

Anders als heute, wo das Gefälle zwischen Stadt und Land weitgehend aufgelöst ist, machte es in den 30er Jahren einen Unterschied, als Stadt- oder Landkind aufzuwachsen.

Auf dem Land nutzte man die Landwirtschaft, um die Lebenshaltungskosten durch Selbstversorgung zu senken. Trotz technischen Fortschritts wurde auf den kleinen bäuerlichen Stätten im ostwestfälischen Raum bis in die 30er Jahre mit traditionellen Methoden gearbeitet. Das bedeutete harte Arbeit für die gesamte Familie. Somit blieben die traditionellen Dorf- und Arbeitsgemeinschaften weitgehend bestehen.

Viele Familien im Ravensberger Land verdienten sich mit der Zigarrenmacherei in Heimarbeit ein Zubrot. Auch hier halfen die Kinder kräftig mit.

Die rollenspezifische Erziehung und die Erwartungen der Dorfgemeinschaft und Familie legten den Lebenslauf dieser Kinder früh fest: einige Söhne übernahmen den Hof oder die Stelle des Vaters und die Mädchen wurden früh mit ihrer zukünftigen Rolle als Hausfrau und Mutter vertraut gemacht.

Die Arbeitskraft der Kinder war für den Lebensunterhalt der Familie unerläßlich. Dementsprechend wurden sie von den Eltern ernstgenommen.

Die wichtige Befreiung der Kinder von ihren Arbeitspflichten im Zuge der technischen und wirtschaftlichen Modernisierung und die damit verbundene Auflösung der Familie als Arbeitsgemeinschaft führte letztlich auch dazu, daß der starke Zusammenhalt, der die Familie einst prägte, abnahm.

9

Mit den Hühnern des Hofes kann sich dieser kleine Junge nicht so recht anfreunden.

Erst die Arbeit ...

Foto oben: Viele Autobiographien und Genremalereien haben das Leben der Kinder auf dem Land romantisiert. Die Lebensrealität war für die Kinder bis in die 30er Jahre aber nicht nur fröhlich und lustig. Kinder lernten schon frühzeitig, daß Bedürfnisse nach Geborgenheit und spielerischem Tatendrang hinter den täglichen landwirtschaftlichen Arbeiten zurückstehen mußten.

Durch die wirtschaftliche Situation bedingt, konnten die traditionellen geschlechtsspezifischen Mädchen- und Jungenarbeiten kaum eingehalten werden. Kinder mußten beim Füttern und bei der Versorgung der Tiere, bei der Essenszubereitung oder beim aufwendigen Waschen helfen.

Doch wäre es falsch, dies als Kinderarbeit in heutigem Sinne zu bezeichnen. Studien haben ergeben, daß Viele das, was sie im Garten, in der Landwirtschaft oder im Haus taten, als selbstverständlich zu erwartende Mithilfe sahen.

Foto rechts: Die Arbeit der Frauen auf den Höfen wurde wesentlich später von technischen Neuerungen entlastet als die Männerarbeit. Allein die Einführung eines Wasseranschlusses im Haus brachte eine unvorstellbare Erleichterung. Doch verfügten bis 1938 60% der deutschen bäuerlichen Haushalte noch nicht über einen Wasseranschluß. Deshalb mußten Frauen und Kinder Unmengen an Wasser täglich vom Brunnen in den Haushalt und zum Vieh tragen. Bäuerinnen waren täglich mit physisch anstrengenden und zeitraubenden Tätigkeiten wie der Schweine- und Geflügelwirtschaft, dem Jäten, Garben binden, dem Melken und der Hausversorgung beschäftigt. Da blieb nur wenig Zeit, mit den Kindern zu spielen.

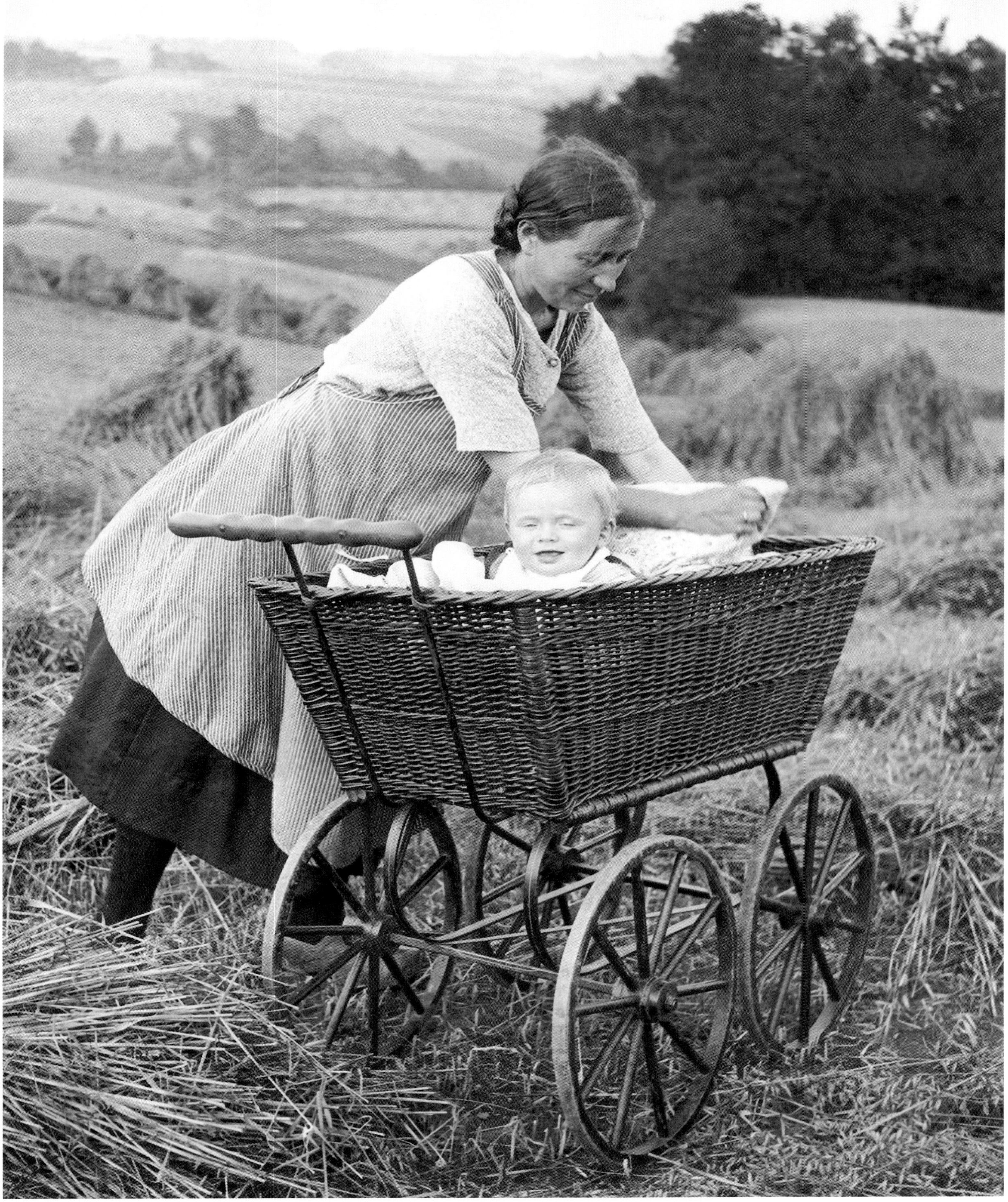

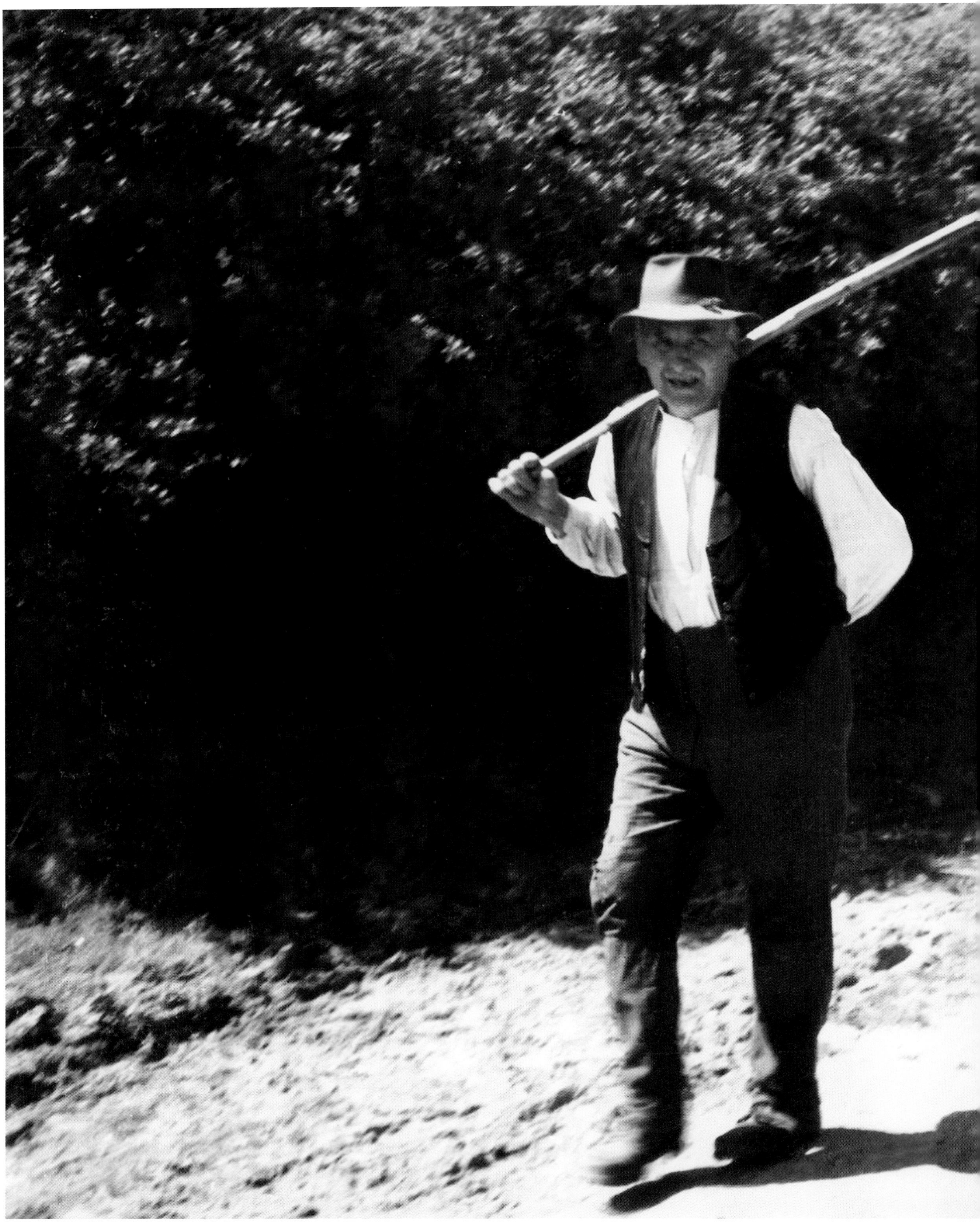

Auf dem Land waren Jungen und Mädchen nicht nur zu Erntezeiten in die Arbeiten von Haus und Hof stark einbezogen.
Kinder hüteten Gänse, Kühe, Schafe und Ziegen, vertrieben an den Gespannen Stechmücken und Bremsen, sammelten Beeren und Kräuter, ernteten Rüben und Kartoffeln oder halfen – wie auf dem *Foto links* zu sehen – Vater und Großvater bei der Heuernte.

Foto Seite 14/15: Diese Dorfstraße zeigt in geradezu zusammenfassender Weise den Kinderalltag der 30er Jahre: Während ein Junge das Vieh auf die Wiese treibt, fährt ein Mädchen sein Geschwisterchen spazieren. Beide würden wahrscheinlich viel lieber auf der Straße spielen, wie der Junge rechts außen im Bild.
Zwischendurch hatten sie einen Riesenspaß daran, einen Reifen mit dem Schlagstock auf der Dorfstraße vor sich herzutreiben: Ein gar nicht so einfaches Unterfangen!

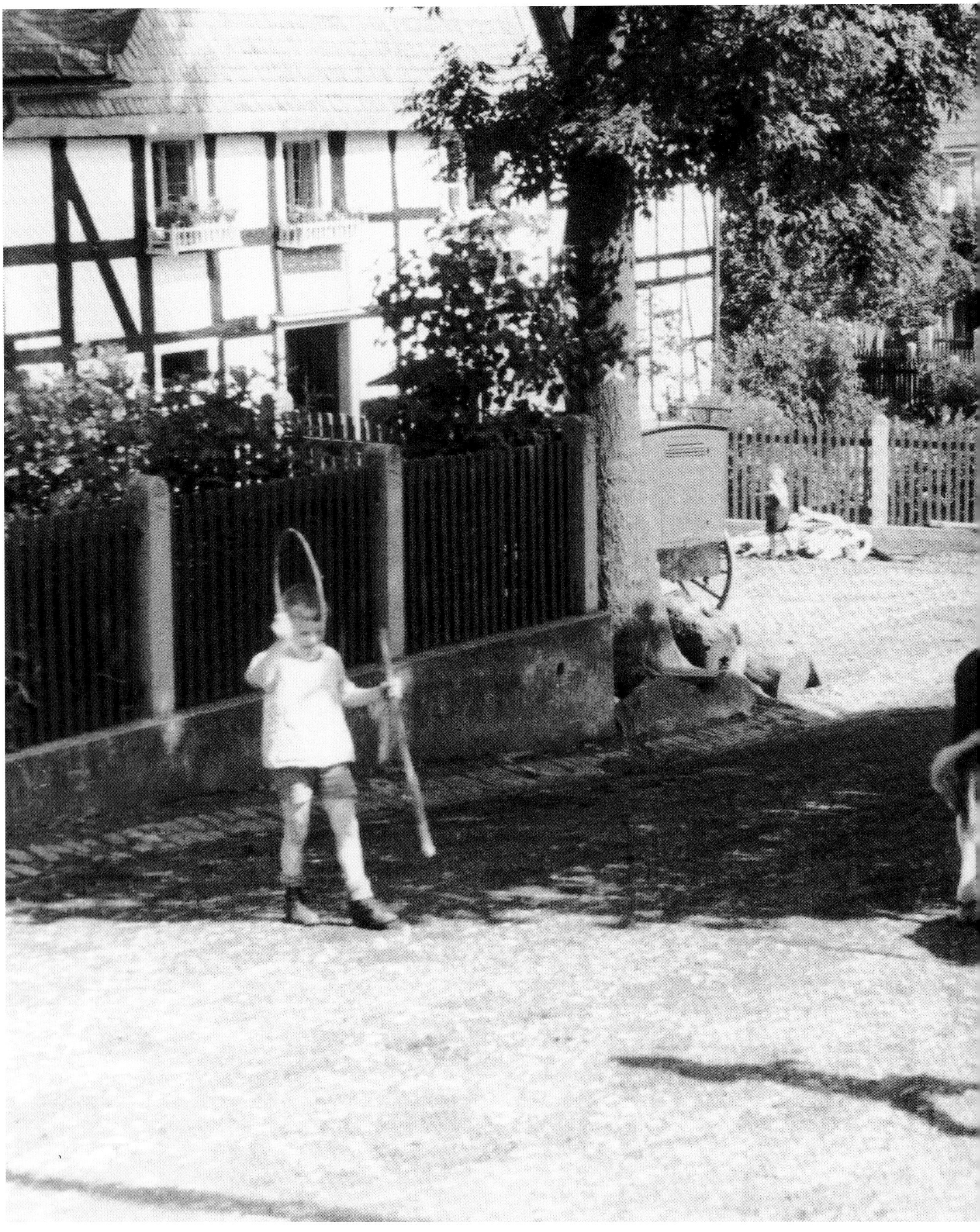

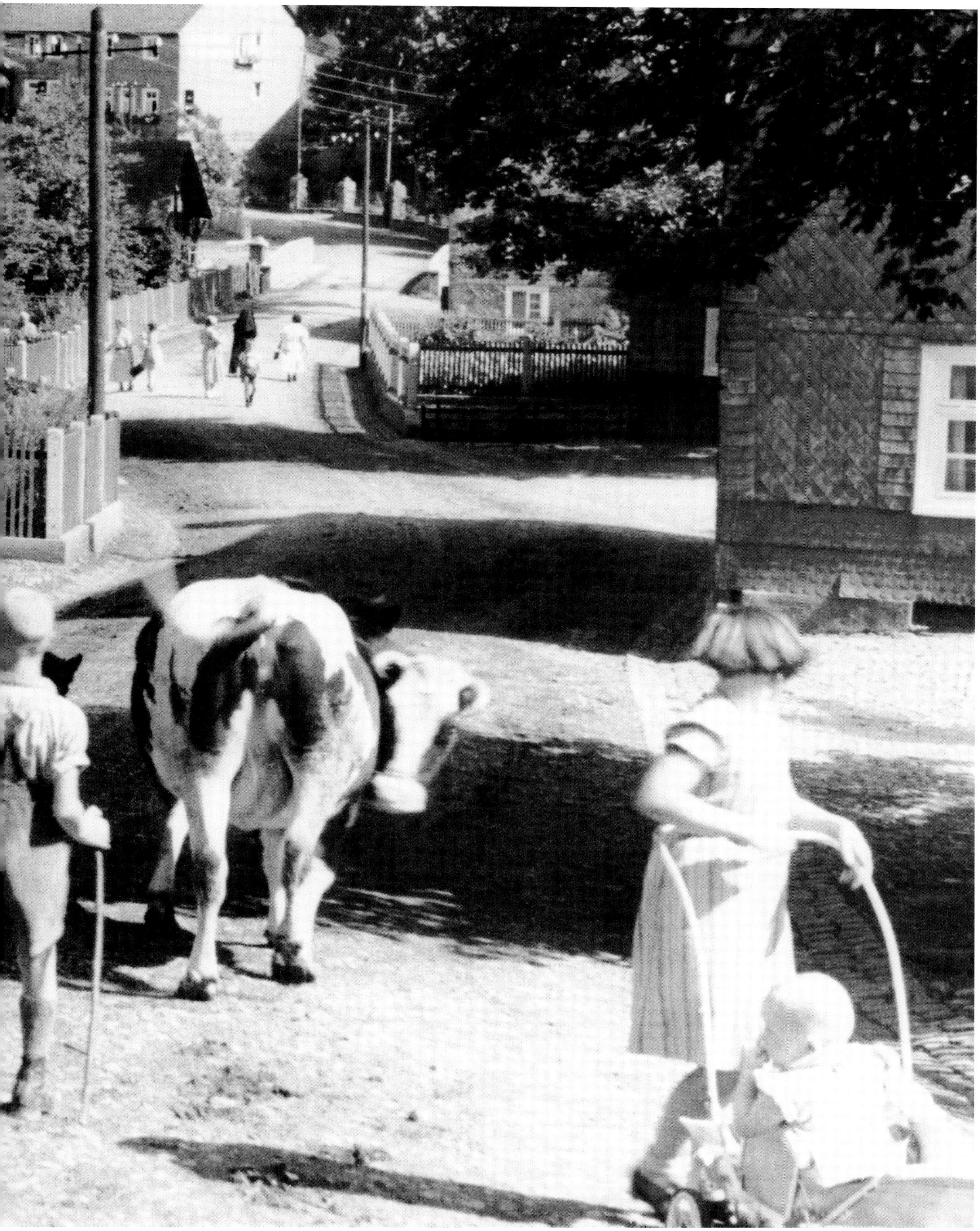

Mädchen halfen wie ihre Brüder bei den Feldarbeiten mit.

Foto oben: Allgemeinhin bedeutet für die meisten Menschen „Kindheit" der Zeitraum, in dem die Erwachsenen die Beschwernisse des alltäglichen Lebens von den Kindern noch fernhalten und sie von den Mühen des Lebens abschirmen. Doch zeigen die Fotos der Landkinder mit ihren festen Pflichten, daß diese Kindheitsdefinition erst auf die heutige Kindergeneration zutrifft.

Foto rechts: Fast ausschließlich Mädchen waren allerdings für die Betreuung ihrer jüngeren Geschwister zuständig.

Leicht kann man sich vorstellen, daß sich diese Mädchen in wenigen Jahren mit ihren eigenen Kindern treffen werden.

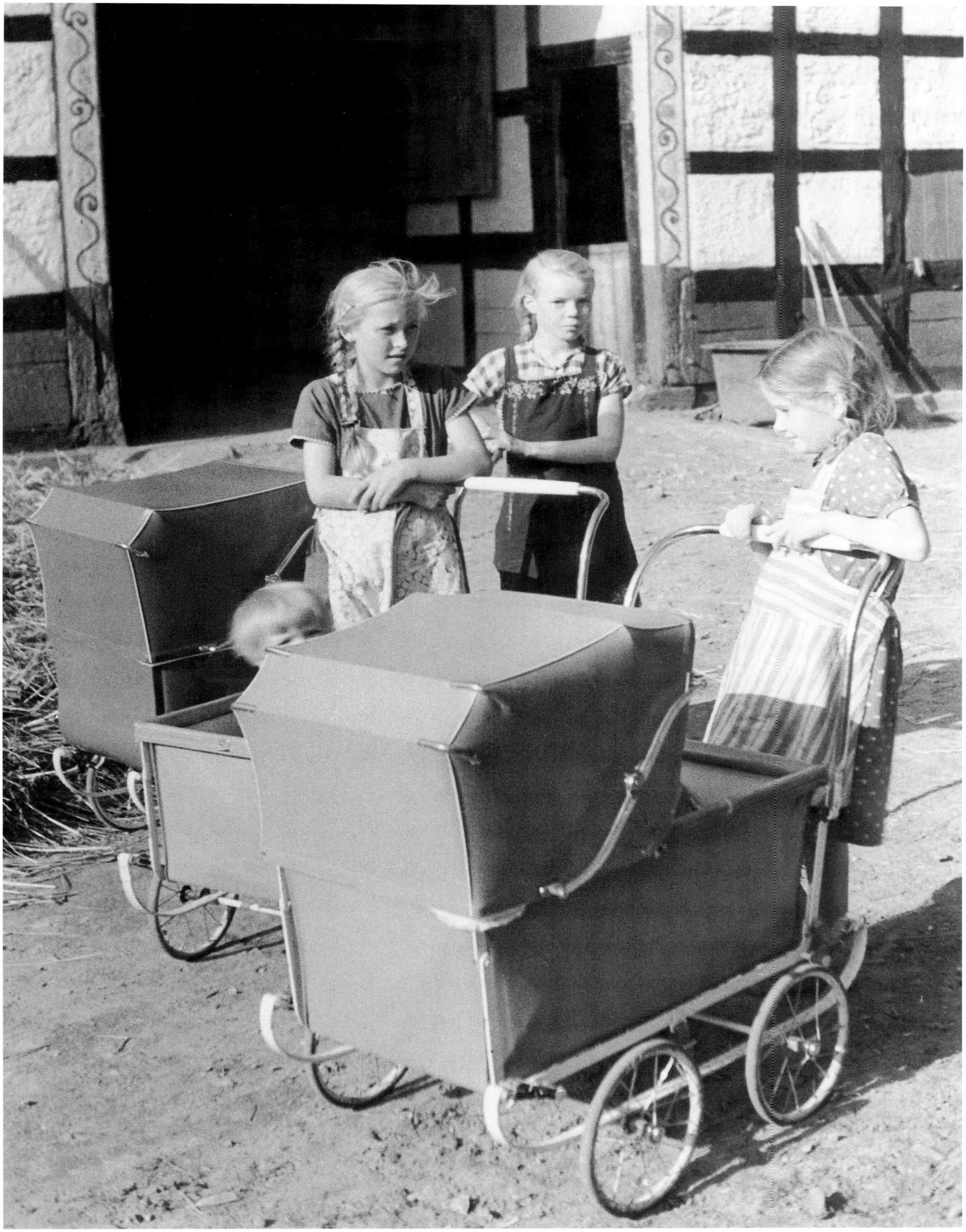

Jungen trugen im Sommer wie im Winter halblange oder kniefreie Hosen, die man in der Regel mit bis zum Oberschenkel reichenden Wollstrümpfen anzog. Diese wurden mittels eines Strumpfbandes befestigt, an dem häufig nur vorne zwei Strumpfhalter waren; oder sie wurden wie auf dem Foto einfach gerollt. In den 30er Jahren war es üblich, Holzschuhe statt der teuren Lederschuhe zu tragen.

Ebenso wie die Jungen trugen auch die Mädchen lange Wollstrümpfe zu ihren Kleidchen. Ob beim Spiel, in der Schule oder der Arbeit zu Hause: stets wurden Schürzen und Kittel getragen, um die Kleidung zu schonen.

... dann das Spiel

Landkinder hatten viel größere und freiere Spielreviere als Stadtkinder, in denen sie von Erwachsenen unbeobachtet spielen konnten. Entsprechend der Jahreszeit boten Hofräume, wie auf dem *Foto rechts*, Wälder, Wiesen und Felder vielfältige Spielmöglichkeiten. Als Spielzeug suchten sie sich das, was sie auf dem Hof und in der Natur fanden: Schneckenhäuser, Steinchen, Holzstöckchen, Baumfrüchte. Der Phantasie und Improvisation von Spielen und Spielzeug waren keine Grenzen gesetzt.

Das Spiel war der heiß ersehnte Gegenpol zu den täglichen Arbeitspflichten der Kinder. Die Dauer der Freizeit war von den wirtschaftlichen und sozialfamiliären Gegebenheiten abhängig. Nach dem Ersten Weltkrieg weitete sich auch für die Kinder der „kleinen Leute" der zeitliche Freiraum, bedingt durch die fortschreitende Mechanisierung in der Landwirtschaft.

Väter, Großväter und Mütter stellten in der Nachkriegszeit aus Holzabfällen und Restbeständen von Zigarrenkisten allerlei Spielzeug her: Hampelmänner, Holzautos, Puppenbetten und Ziehtiere.

Damit ließ sich hervorragend in Haus, Hof und Garten oder auf der Straße mit den vielen Nachbarskindern spielen.

Auch Hunde und Katzen, die gefangenen Vögel, Käfer und Grillen waren oft bedenkenlos mißbrauchte Spielobjekte.

Anders als heute hatten Kinder von damals stets viele Spielkameraden in der Nachbarschaft. Jüngere und ältere Kinder spielten gemeinsam Bewegungsspiele verschiedenster Art. Sie verfügten über einen weit größeren Fundus an Spielkenntnissen als zum Beispiel Stadtkinder der Oberschicht, deren Spielräume enger und kontrollierter waren.

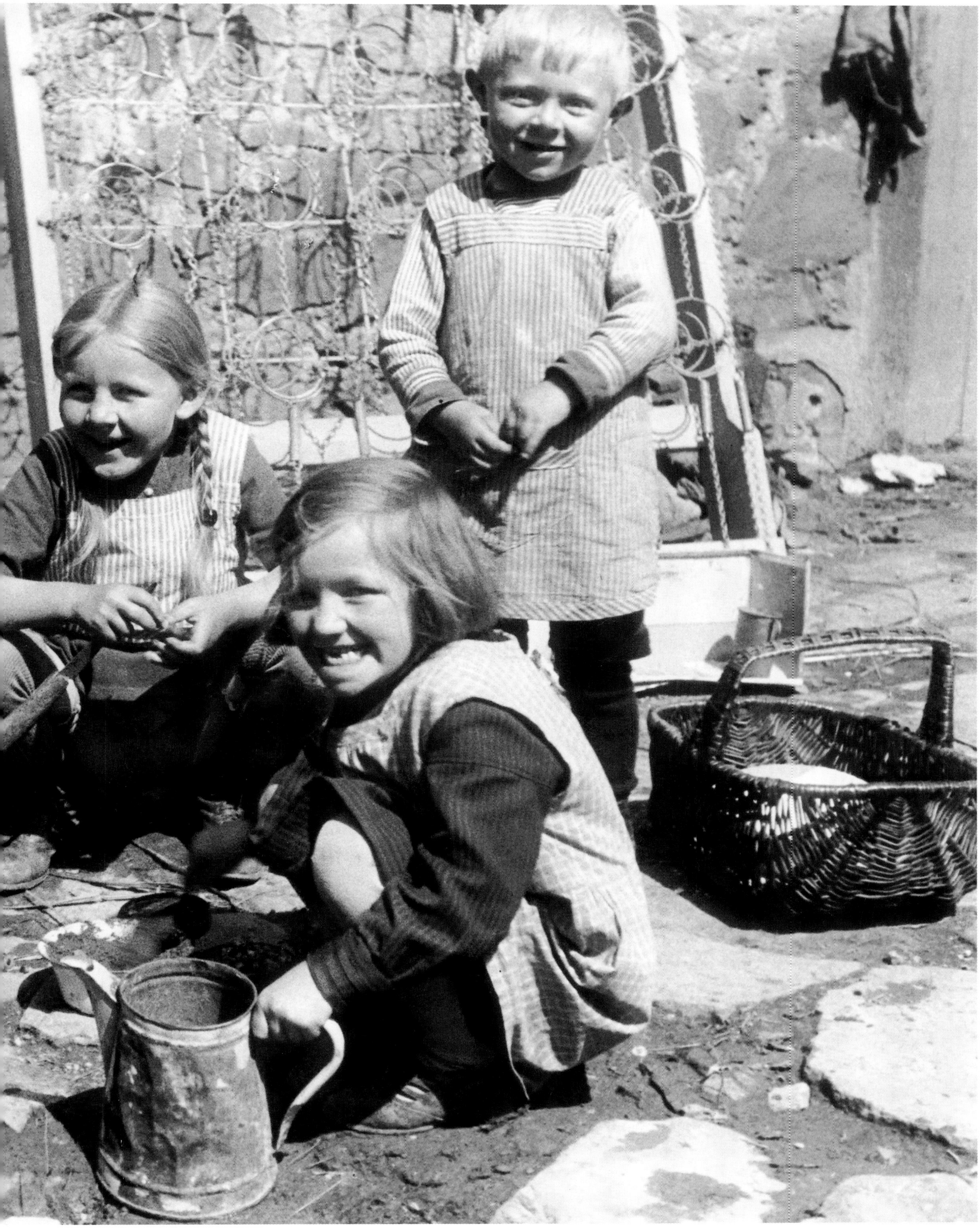

Foto oben: Die kleinen „Glatzköpfe" erinnerten einen Herrn aus dem westfälischen Bünde an folgendes: „Eine weit verbreitete Haarmode für Jungen war damals der Mähmaschinenschnitt. Dazu brauchte man kein großer Figaro zu sein, sondern einfach mit der Maschine kreuz und quer über den Schädel zu fahren, bis nichts mehr stand. Das Ergebnis dieser Schur war niederschmetternd, aber die Erwachsenen fanden es praktisch."

Foto rechts: Der Mühlenhof bot diesen Landkindern spannende Verstecke.

Das Foto erinnerte eine Herforderin an ihre Großeltern: „An nichts aus meiner Kindheit ist die Erinnerung so lebendig wie an diese beiden alten Menschen, die immer alt waren, nie so jung wie die heutigen Opas und Omas. Am meisten liebte ich meinen Opa, weil er uns Kinder oft beschützte, wenn die Oma mit uns schimpfte oder, was auch vorkam, uns mal verhaute. Nein, reich waren die Großeltern nicht, vielleicht doch im Sinne von Haus und Hof, viel Gartenland, einer Ziege und einem Schwein im Stall – immerhin eine kleine Besitzung. Aber im Portemonnaie waren immer nur ein paar Groschen, selten Geld für Naschereien für uns Kinder."

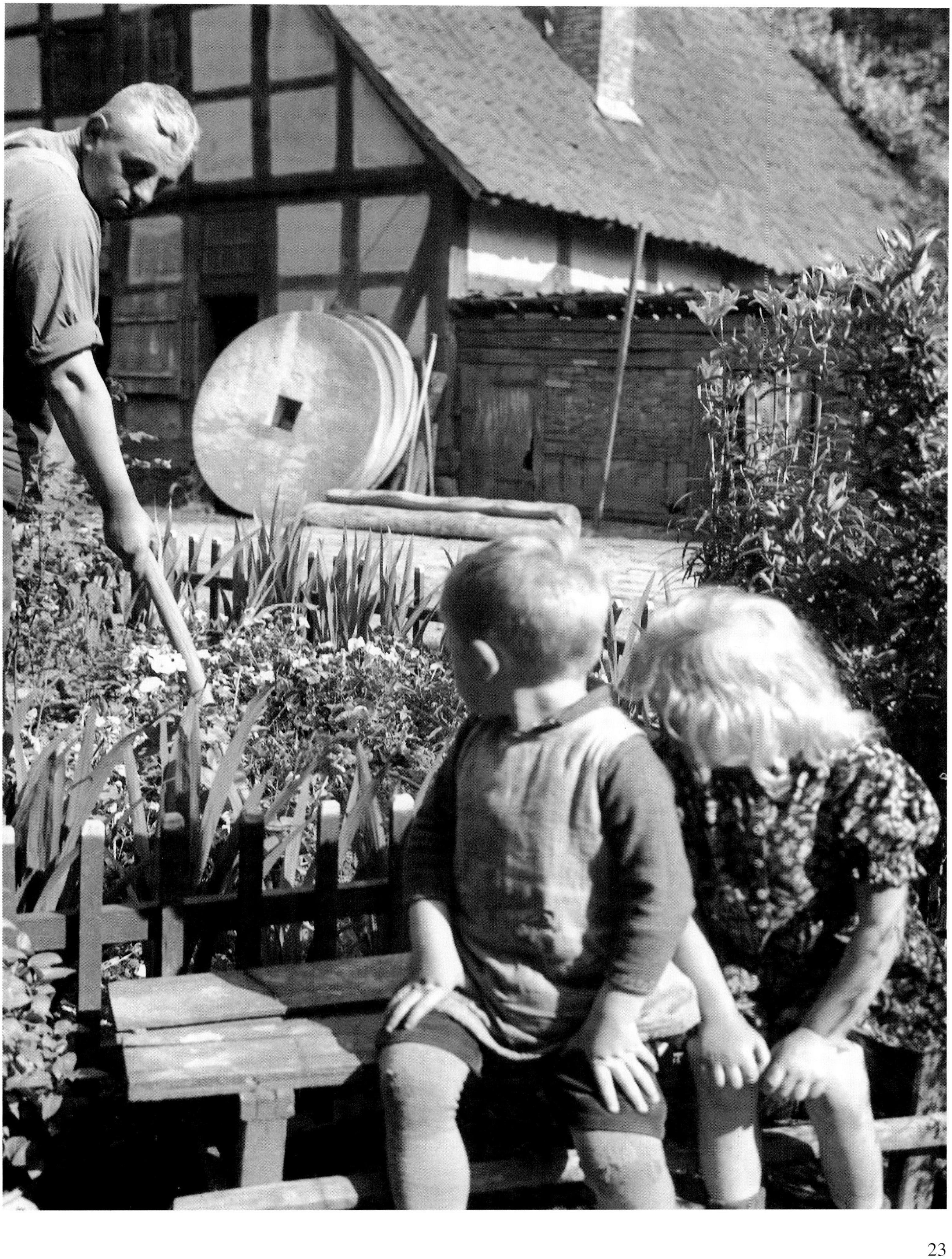

Foto links: Noch müssen die feingemachten Bauernjungen im Matrosenanzug zum Fotografieren stillhalten. Etwas steif fühlen sie sich doch ohne ihre Holzpantoffeln, Kniestrümpfe und Alltags-Baumwollhosen.

Foto rechts: Da haben es diese Jungen aus dem Sauerland schon besser. Auch in Sonntagskleidung dürfen sie in den Hintergärten spielen und auf Entdeckungsreisen gehen.

II. Kinderalltag in der Kleinstadt

Auch die Kinder in einer westfälischen Kleinstadt hatten eine enge Beziehung zum ländlichen Leben, denn häufig nutzten Städter ihre Gartenflächen zum Anbau von Obst und Gemüse. Demnach ist eine Stadt-Land-Differenzierung trotz vieler Unterschiede nicht ganz eindeutig zu treffen.

Doch prägte der mehr bürgerlich-städtische Charakter von Kleinstädten wie Herford oder Bünde den Kinderalltag. Die Belastung der Kinder durch Arbeit oder Mithilfe hing in erster Linie davon ab, unter welchen wirtschaftlichen und sozialen Bedingungen sie aufwuchsen. Auch wenn sie nicht bei der in vielen Familien üblichen Heimarbeit helfen mußten, so standen sie schon früh der Disziplinierung der Erwachsenen gegenüber.

Dennoch suchten sich Kinder in der Nähe ihres Elternhauses bestimmte Spielreviere aus, in denen sie unbeobachtet unter sich spielen konnten. Spielzeug, wie es heute für jedes Kind selbstverständlich ist, hatten diese Kinder nur in begrenztem Umfang. Dies hing maßgeblich von der finanziellen Situation des Elternhauses ab.

Entsprechend der traditionellen geschlechtsbezogenen Rollenfixierung verbrachten die Jungen viel Zeit mit ihren Baukästen, während die Mädchen mit ihren Puppen und Puppenwagen Frau und Mutter spielten.

Mädchen und Jungen ahmten in ihren Spielen die Erwachsenen nach, wenn sie „Schule", „Hochzeit", „Mutter, Vater und Kind" oder „Bäcker" und „Kaufmann" spielten.

Diese Spiele und das von den Erwachsenen geschenkte Spielzeug zeigen, daß die Kinder bereits im Spiel bestimmte soziale und gesellschaftliche Rollen erlernten. Dies war bei Stadtkindern möglicherweise noch ausgeprägter als bei Landkindern der Fall, da sie häufiger unter der Beobachtung der Erwachsenen standen.

Autorität und eine rollenspezifische Erziehung prägten Stadt- ebenso wie Landkinder. Zurückhaltung, Disziplin, Ordnung und Gehorsam mußten früh gelernt werden.

Dennoch schaffen sich Kinder gestern wie heute eine ganz eigene Erlebniswelt, losgelöst von der Erwachsenenautorität und von den täglichen Pflichten.

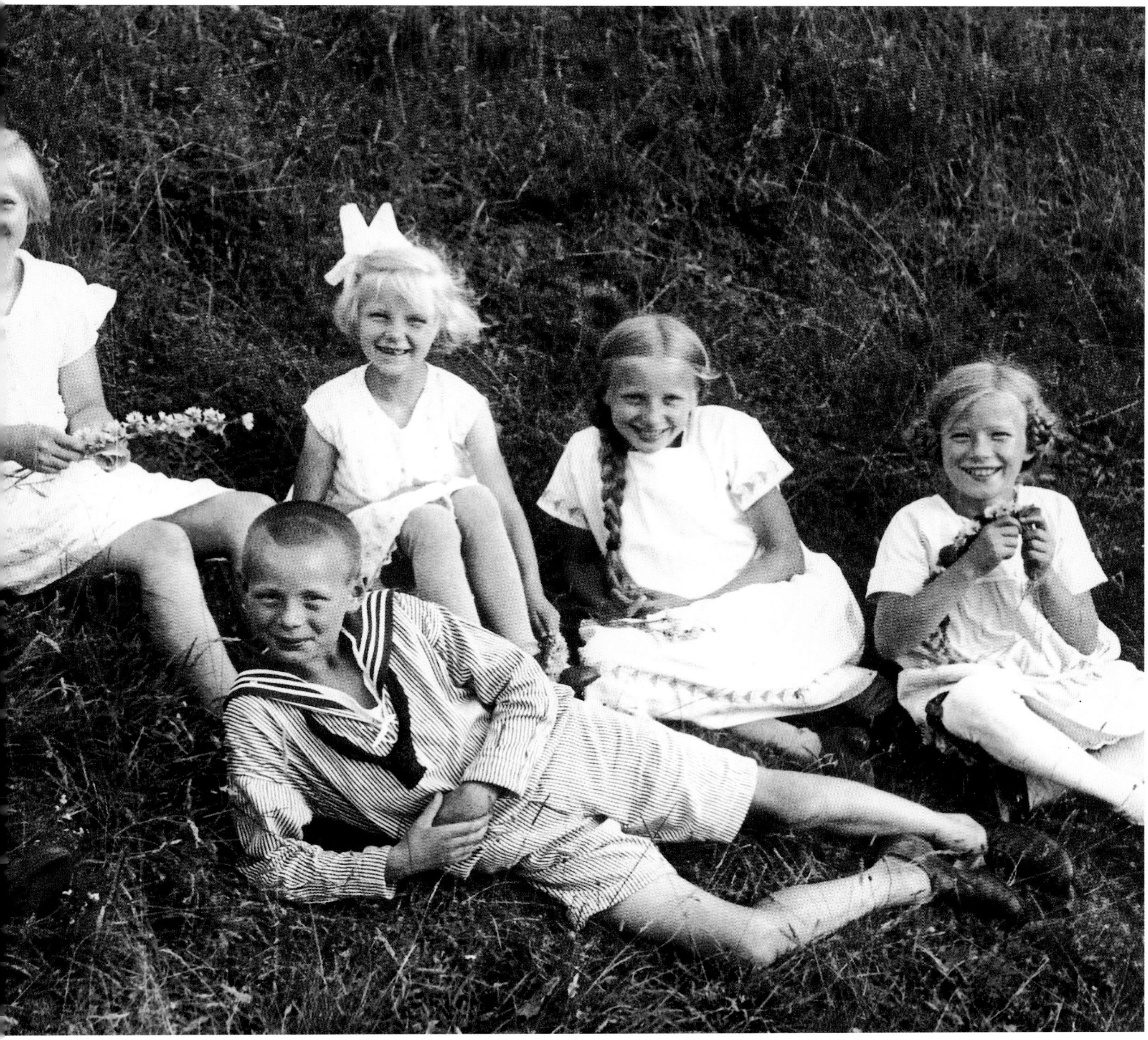

Behütete Kindheit

Kinder der gehobenen Mittelschicht wuchsen unter der Obhut der Mütter, der Großeltern und Kindermädchen auf. Sie konnten häufiger ausgelassen mit ihren Müttern spielen, als dies Landkindern möglich war, deren Mütter einen gesamten Hof zu bewirtschaften hatten.
Ihre Kleidung wurde sorgsam ausgesucht und nicht selten erstellten Mütter und Großmütter in aufwendiger Handarbeit bestickte Kleidchen und Schürzen, gestrickte Mützen und Jäckchen.
In den 30er Jahren forderten die Modezeitschriften eine kindgerechte Mode. Man legte Wert auf hygienische Materialien wie Waschsamt und empfahl als günstige, den Körper des Kindes nicht belastende Schnittformen wie Spielhose, Kittelanzug und Hängerkleid.
Doch die politischen und wirtschaftlichen Zeiten veränderten sich schnell: Bereits am Anfang des Krieges 1940 machten die Zeitschriften Vorschläge, wie man Hängerkleidchen aus einem nicht benützten Abendkleid schneiderte, ohne die Kleiderkarte der Kriegszeit in Anspruch zu nehmen.

Foto oben: Diese beiden Herforder Mädchen scheint es nicht mehr lange an der Geburtstagstafel zu halten. Das Mädchen links trägt die als Kindermode obligate Seidenschleife im Haar, im Volksmund „Propeller" genannt.

Foto rechts: Diese alte Frau hat schon einige Kindergenerationen gehütet.

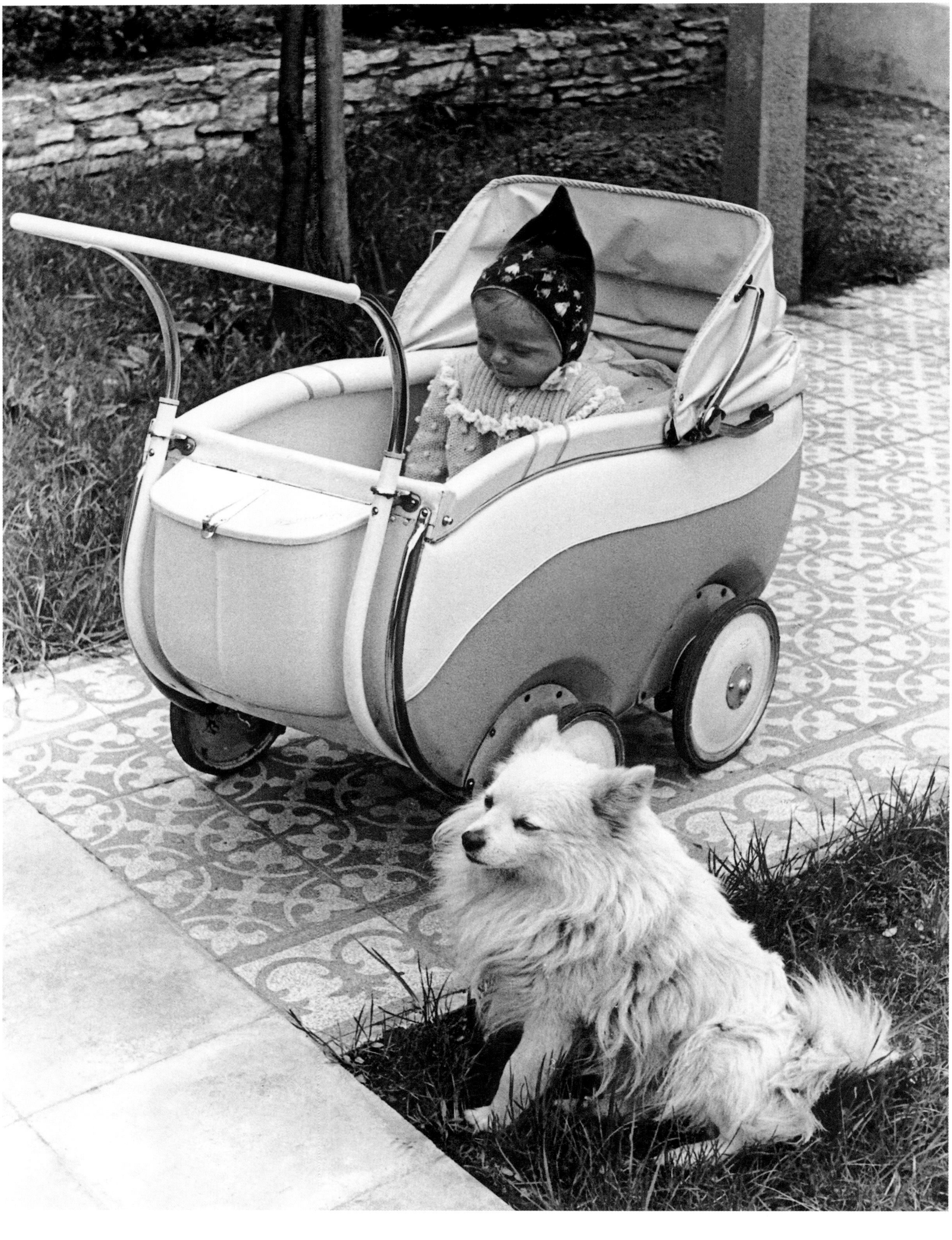

Foto links: „Ein stromlinienförmiger Kinderwagen war in den 30er Jahren der letzte Schrei!", so heutige Senioren beim Anblick dieser Fotografie. Der damals sehr beliebte Spitz bewacht den kleinen Herforder Jungen, der mit dem aufwendig gestrickten Jäckchen und der schmucken Mütze in seinem Wagen „thront".

Foto oben: Diese Kinder einer gutsituierten Herforder Familie wuchsen behütet auf. Sie wurden von ihrer Mutter gefördert, die ihnen viele Geschichten vorlas und Spiele anleitete.

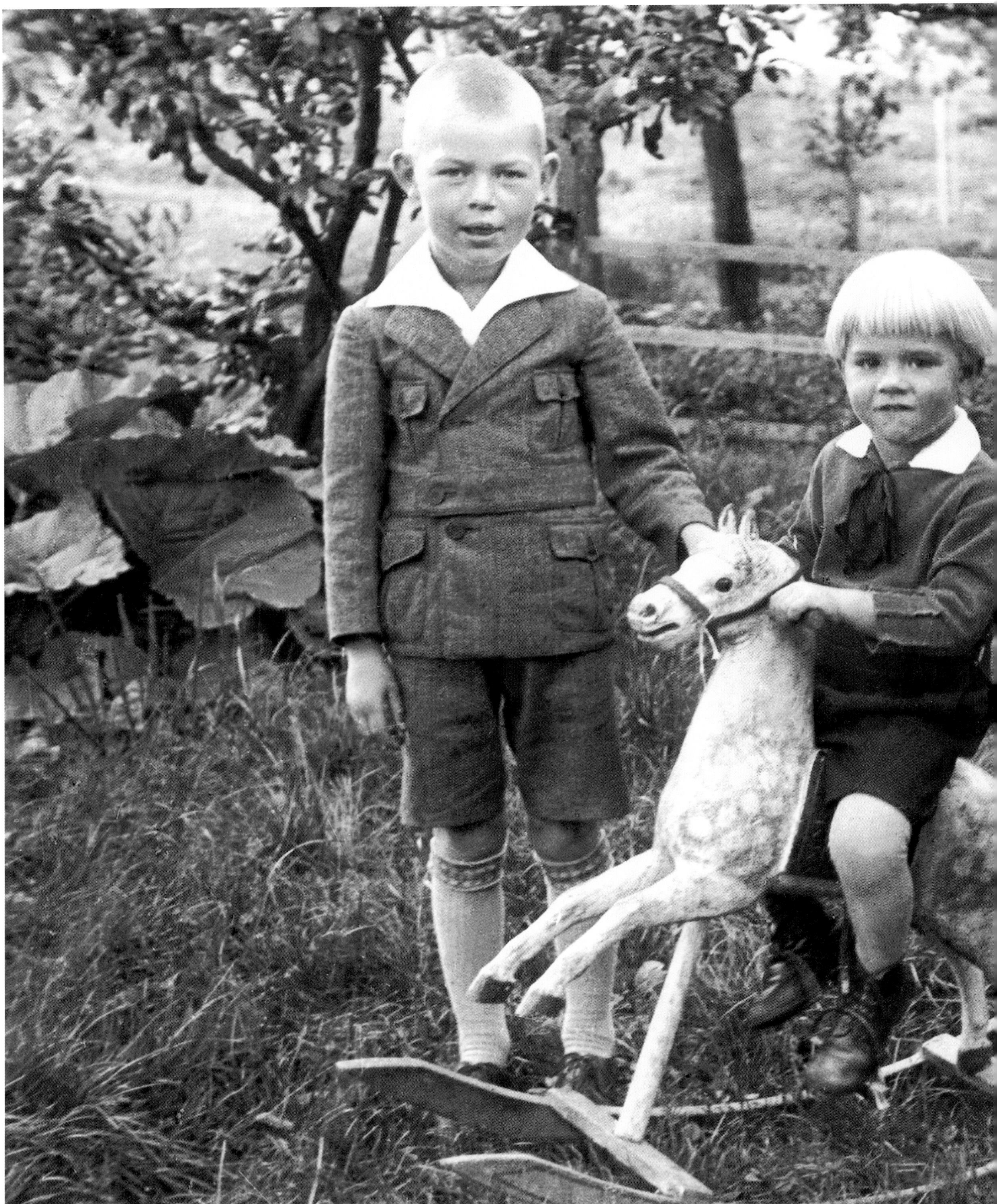

Stadtkinder waren häufig im Gegensatz zu ihren ländlichen Altersgenossen stolze Besitzer von Schaukelpferd und Wagen, Puppenstube und modernem Dreirad. Doch ließ sich damit meist nur unter dem wachsamen Auge der Erwachsenen spielen, im Haus oder abgeschlossenen Garten.

Ein charakteristisches und traditionelles Kinderspielzeug, das bis in die 30er Jahre hinein als typisches Jungenspielzeug gegolten hat, ist das Schaukelpferd, das es in den unterschiedlichsten Formen gab. Dieses Schaukelpferdchen sieht etwas älter aus und ist handwerklich aufwendig verarbeitet. Es deutet auf ein wohlhabendes Elternhaus hin, wie auch die moderne Kleidung der Kinder.

Foto oben: Die schneeweißen Kleidchen, die seidenen Haarschleifen und der Schmuck machte die kleinen Mädchen zu „jungen Damen"; eigentlich ein Verkleidungsspiel der Erwachsenen. Denn wer erinnert sich nicht an diese Sonntage, an denen man ständig ermahnt wurde, nicht zu kleckern und zu toben?

Foto rechts: Dieses Foto erinnerte eine Herforderin aus einer Arbeiterfamilie an folgende Szene ihrer Kindheit:

„In der Küche war ein Kreischen und Juchzen. Meine kleine Schwester stand vor einem Puppenwagen. Modern, stromlinienförmig, zartbleu, mit einem Verdeck. Eine Puppe saß darin mit gehäkelter Kleidung. Eine gehäkelte Wagendecke und hübsche kleine Kissen. Oh, so etwas Schönes! Meine kleine Schwester trampelte und schrie: 'Meine, meine!' Sie war ja bisher die Jüngste in der Familie. Ich war nur die Dritte von vier Schwestern. Hatte immer nur das 'Abgelegte' bekommen. Auch an diesem Weihnachtstag bekam ich die alte Lederbalg-Puppe der großen Schwester zurück. Der Kopf hatte ein Loch. An diesem Weihnachten hatte ich nichts bekommen. Nun, ich war mit neun Jahren schon groß!"

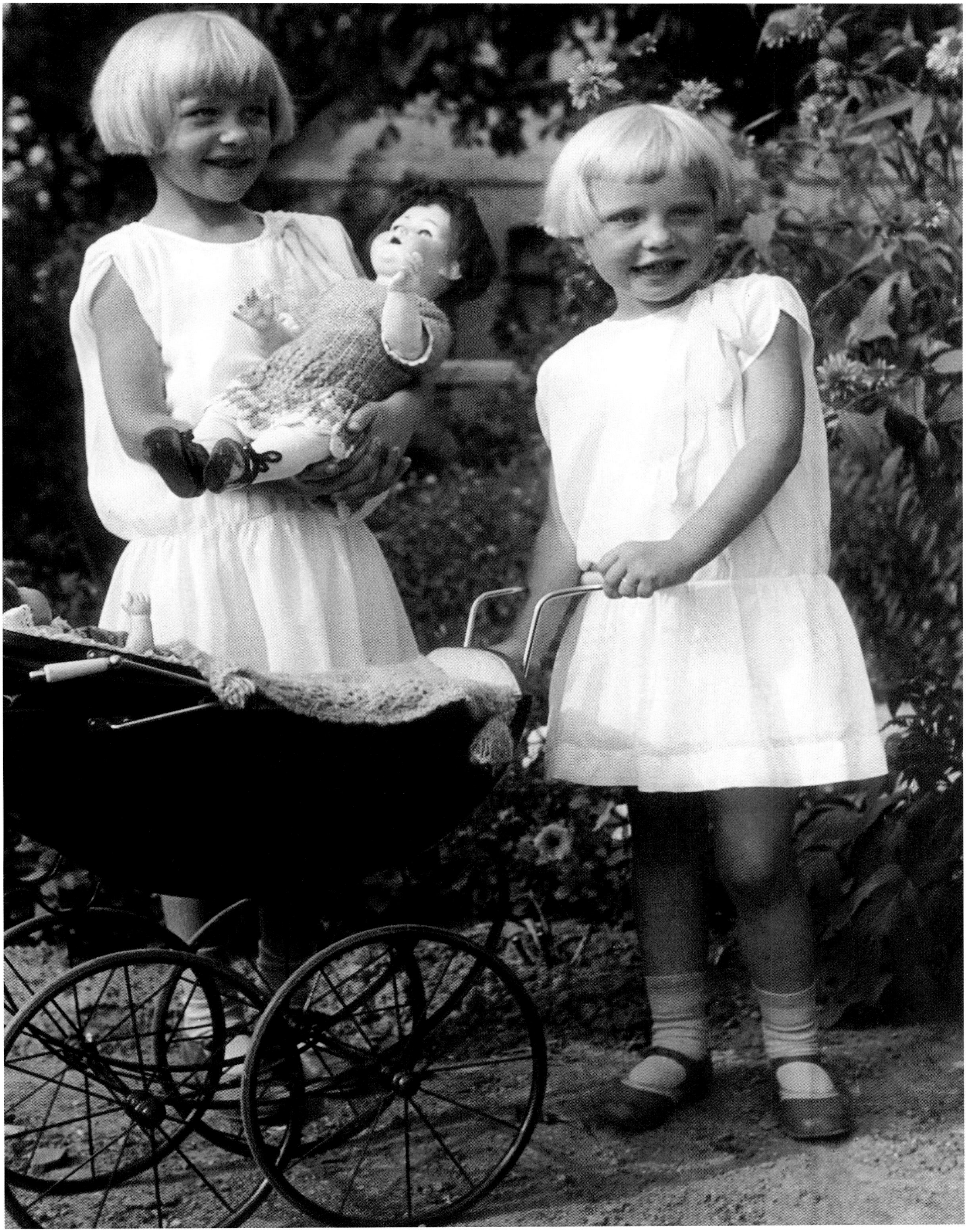

Foto oben: Nur wenige Stadtjungen hatten so moderne Fahrzeuge wie diese beiden kleinen Herforder.

Kleine Geschichte des Matrosenanzugs

Foto rechts: Zur blauen, bis zum Knie reichenden Hose aus „Cheviot" wurde die aus bestem Marinetuch bestehende Kieler Bluse über den Kopf gezogen, über deren Kragen ein zweiter, ebenfalls blauer, doch weiß gesäumter, waschbarer Leinenkragen geknöpft wurde. Die sog. „Tellermütze" hatte an der linken Seite eine Schleife, die das Mützenband in zwei kurzen Enden auslaufen ließ.

Der Matrosenanzug, wie wir ihn heute kennen, taucht erstmals mit der Einführung der Uniform für die englischen Seestreitkräfte auf. Um 1860 konnten ihn die englischen Jungen schon in mehreren Varianten tragen. Queen Victoria schenkte ihrem deutschen Enkel, dem späteren Kaiser Wilhelm II., Anfang der 1860er Jahre einen solchen Anzug. Damit wurde er auch in Deutschland bekannt. Besonders populär und fast zu einer Uniform für Jungen und Mädchen der Oberschicht und des Bürgertums wurde dieser Kleidungsstil auch durch die Flottenpolitik des Reiches nach 1871. Später gehörte er zur Sonntagsausstattung aller sozialen Schichten. Er blieb bis heute ein modischer Dauerbrenner.

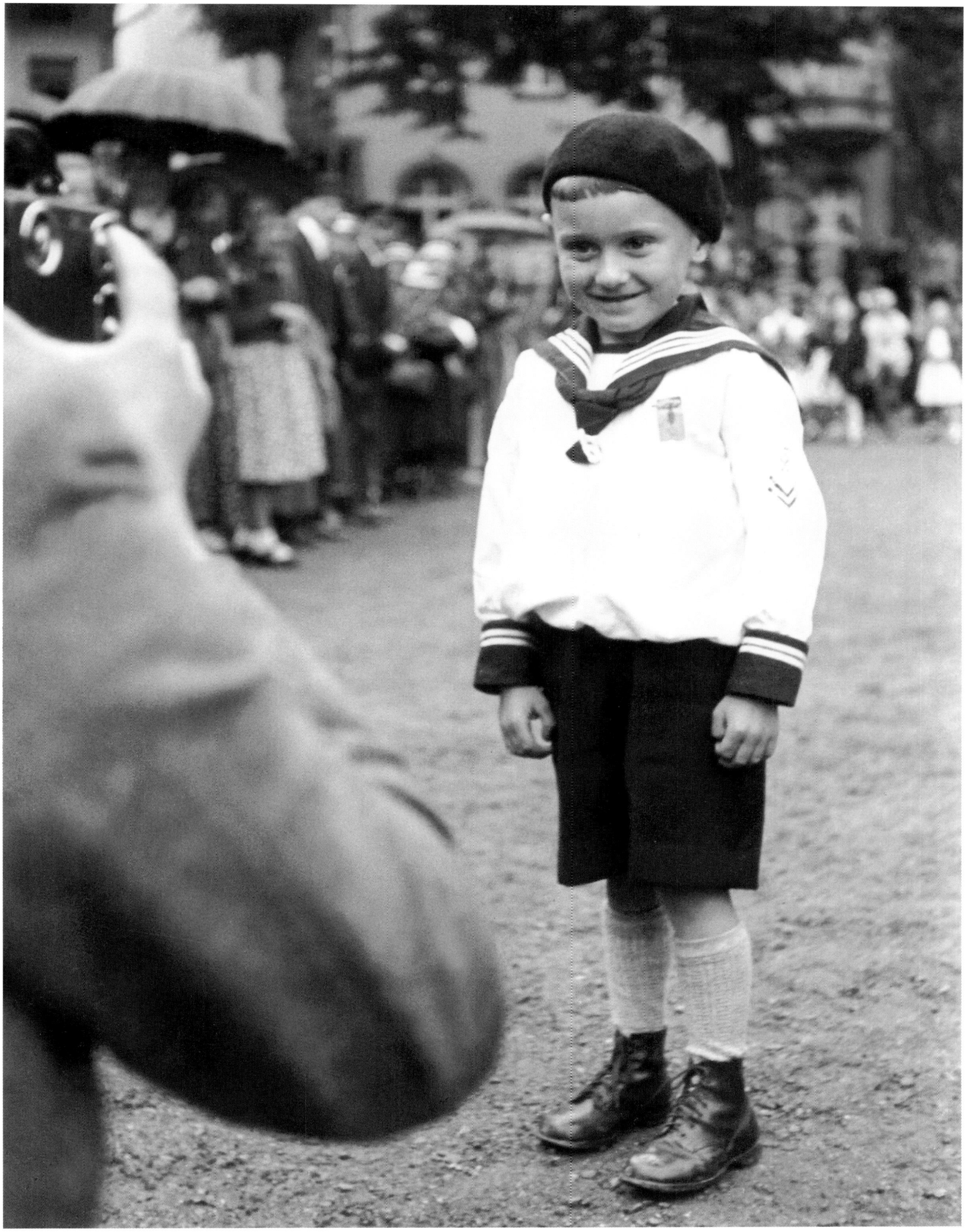

Fotos oben und rechts: Der Jahrmarkt oder die sog. Vision auf dem Lübberbruch in Herford war für Kinder die große Jahresattraktion. Im Hintergrund ist die ehemalige Schokoladenfabrik „Karina" erkennbar.

39

Straßenkindheit

Enge Wohnungen und langes Stillsitzenmüssen in der Schule verlangten zwangsläufig nach einem Ausgleich durch Laufen, Springen, Schreien und Toben mit Spielkameraden. Manches wohlbehütete Kind aus Mittel- und Oberschichten, dessen Tagesablauf verplant war, wünschte sich, auf der Straße unbeschwert spielen zu dürfen. Da konnte man zusammen mit anderen Kindern Reifen und Kreisel treiben, Stelzengehen, Ball oder Verstecken spielen.

Unter den vielen Kindern unterschiedlichen Alters und Milieus gab es regelrechte Straßengemeinschaften mit ihren eigenen Spielgesetzen, die von Neulingen einzuhalten waren. Nicht selten kam es zu kleinen Straßenkämpfen zwischen den verschiedenen Nachbarschaften.

Heute ist das Spielen auf der Straße in der Stadt undenkbar geworden. Doch damals konnte der Straßenverkehr die Kinder bei ihren Streifzügen wenig stören oder gefährden.

Im Sommer ließ sich auf den Straßen und in den Hinterhöfen der Städte besonders gut spielen.
Doch nicht alle Kinder hatten kindgerechte Möbel wie diese eifrig bastelnden Kinder.

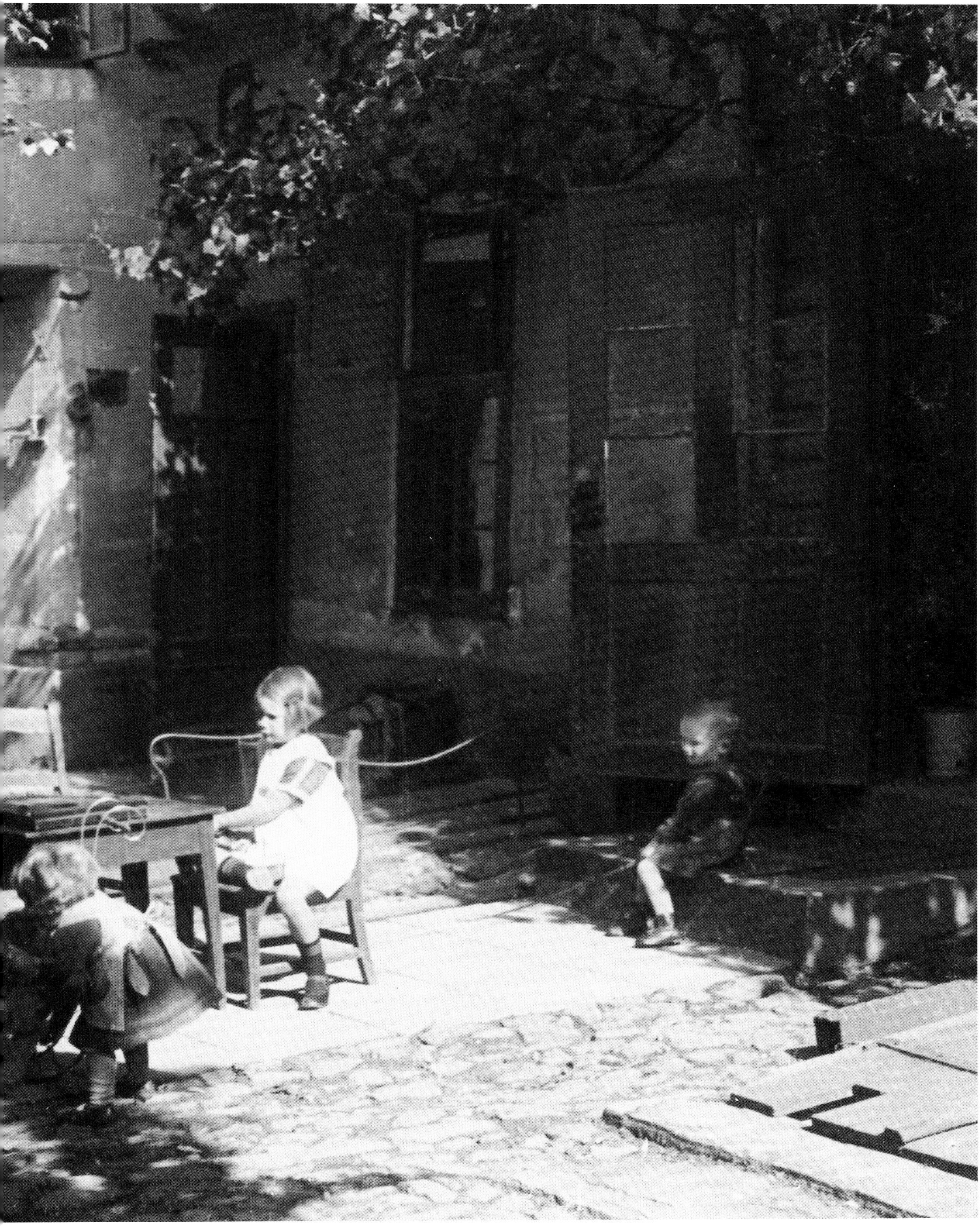

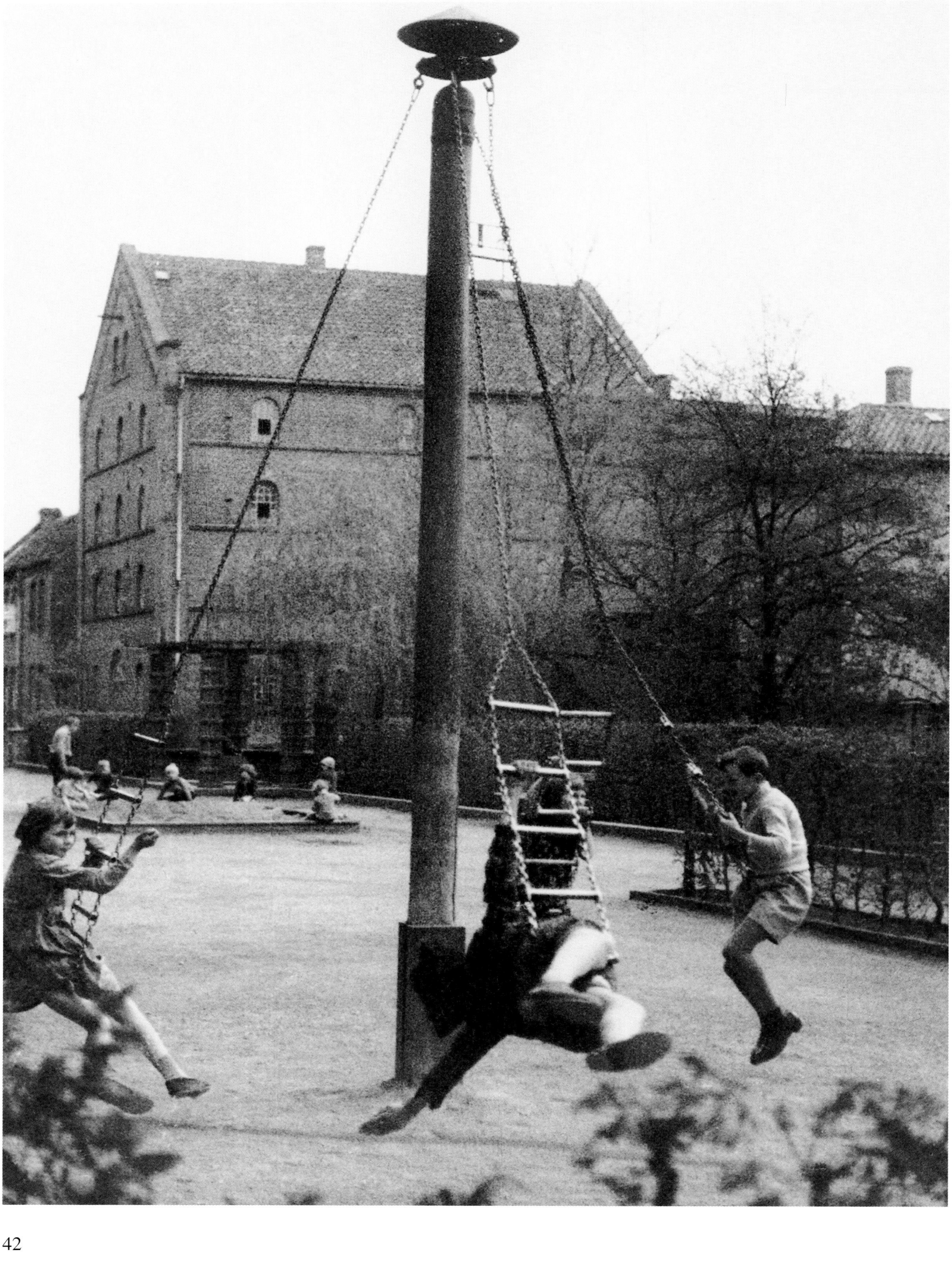

Foto links: Am freiesten ließ sich auf den Straßen spielen, wo Gassenbanden und Straßenjungen eine Gemeinschaft für sich bildeten. Erste Spielgeräte auf den Straßen eröffneten Stadtkindern neue Spielmöglichkeiten, die es auf dem Land noch lange nicht gab.

Foto oben: Mädchen trafen sich zu Sand- und Wasserspielen auf der Straße. Die Großen mußten die Kleinen stets mitnehmen und auf sie aufpassen.

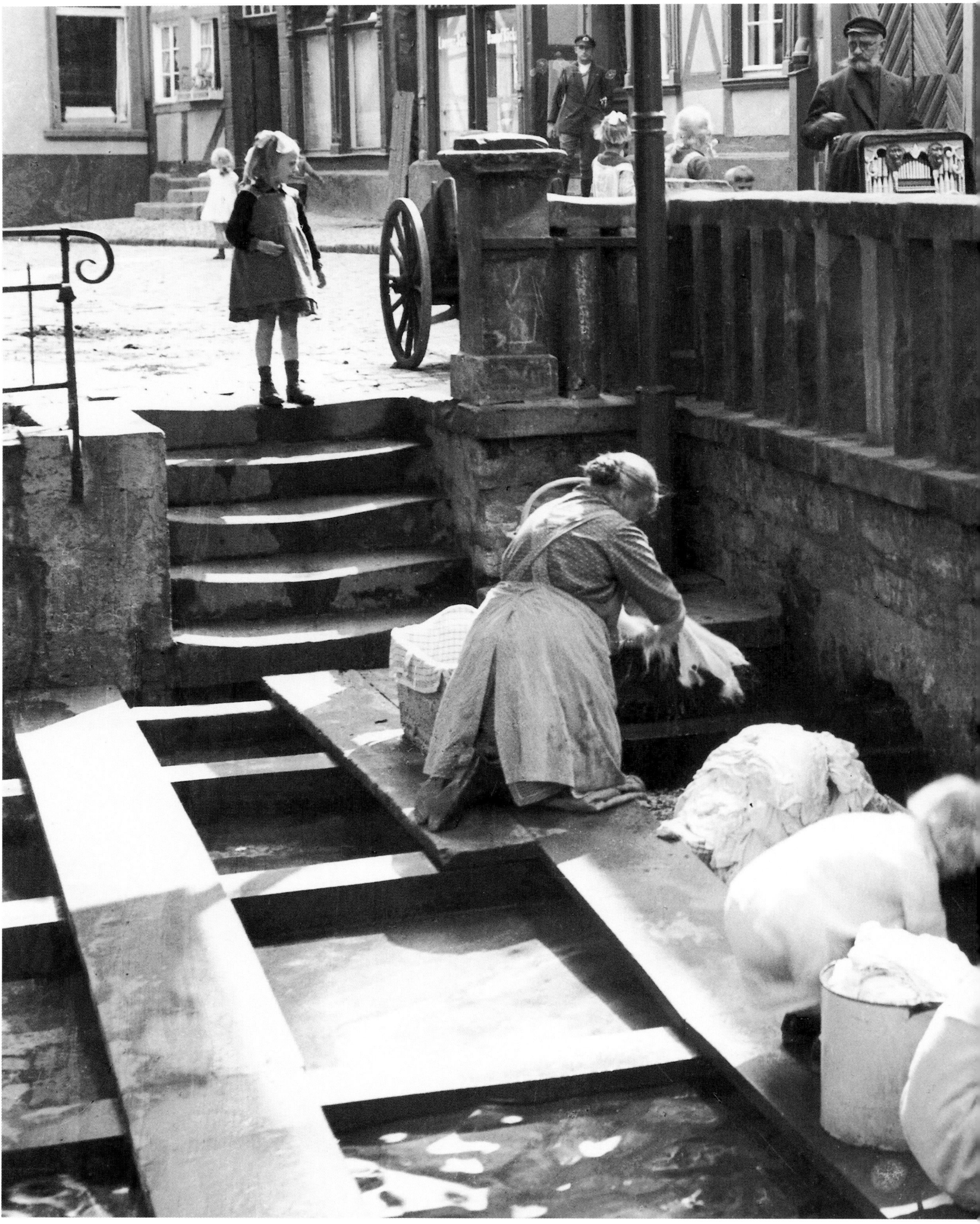

Schon früh wurden Mädchen auf ihre spätere Rolle als Hausfrau und Mutter vorbereitet. Dazu gehörte neben der Aufsicht über die jüngeren Geschwister die Mithilfe im Haushalt.

„Dieses Foto könnte aus Herford sein. Noch in den 30er bis 40er Jahren gab es an der kleinen Werre und der Bowerre, die durch die Innenstadt flossen, solche Plätze, wo die Hausfrauen und Töchter ihre Wäsche wuschen oder spülten. Was hier so romantisch aussieht, war harte Arbeit", erinnert sich eine Herforderin.

III. Der Ernst des Lebens

Mit dem Beginn der Schulzeit griff der Staat bzw. die Kirche, die bis ins 20. Jahrhundert hinein die Oberaufsicht über die Schule führte, entscheidend und reglementierend in das Leben der Kinder ein. Auch in der schulfreien Zeit war der Lehrer für Kinder und Erwachsene eine Respektperson, die für das „anständige" Verhalten der Schüler Verantwortung trug. Er war eine absolute pädagogische Autorität, die niemand in Frage stellte.

Entsprechend war der Unterricht: Die Schüler und Schülerinnen mußten Stillsitzen lernen und hatten den Ausführungen des Lehrers aufmerksam zu folgen. Das Auswendiglernen war die beherrschende Form der Aneignung der Unterrichtsstoffe, die täglich „abgehört" wurden.

Für die Schüler war das rechtzeitige Erscheinen zum Unterrichtsbeginn oberstes Gebot. Hierbei darf man nicht vergessen, daß die Kinder oft weite Schulwege zurückzulegen hatten, denn es gab noch keine Schulbusse. Auch Uhren besaßen die wenigsten Kinder. Der Schulweg konnte im Winter besonders beschwerlich werden.

Wer zu spät kam, bekam den Rohrstock zu fühlen. Die sogenannte Schulzucht sollte dem Lehrer helfen, das geforderte Unterrichts- und Lehrziel zu erreichen. Aus der eigenen Schulzeit wissen Viele zu berichten, daß dieses sog. „Erziehungsmittel" oft mißbraucht wurde.

Die Schule schüchterte viele Kinder ein. Die überaus strenge Schulzeit war für die Kinder prägend. Sie entwickelte eine völlig andere Lebenshaltung als die heutige Generation, die bis heute dominiert: der Glaube an Autoritäten, Ordnung, Disziplin und Gehorsam. An diesem Punkt entzünden sich heute zahlreiche Diskussionen zwischen Jung und Alt, die ihre Wurzeln in einer gegensätzlichen Erziehung haben.

Ein ehemaliger Schüler aus Bünde erinnert sich:

„Lange vorher hatte man es mir gesagt: Nach Ostern kommst du in die Schule. Und ich freute mich darauf. Als es aber soweit war, meine Mutter mich an der Hand faßte und mich zum ersten Mal dorthin brachte, hatte sich die Freude längst in Angst verwandelt. Vor dem großen mir unheimlichen roten Backsteingebäude, blieb sie zunächst mit mir stehen und zeigte auf den Bogen über der Eingangstür: 'Sieh mal, da steht ein Spruch, den wirst auch du bald lesen können, das wird dir hier beigebracht.' Sie las mir vor, was dort geschrieben stand: 'Die Furcht des Herrn ist der Weisheit Anfang. Psalm 111/10a.'

Auf meinen schmalen Schultern spürte ich die Last des Tornisters, mit dem Sinn dieses Verses wußte ich nichts anzufangen. Nur das Wort 'Furcht' setzte sich in meinem Kopf fest, und als man uns in unseren künftigen Klassenraum führte und mir irgendwo ein Platz zugewiesen wurde, stieg mir ein Geruch in die Nase, der mich an unseren Geräteschuppen erinnerte, wo neben Schaufel, Spaten, Hacke und Werkzeug auch Ölkannen aufbewahrt wurden.

Doch war der Geruch jetzt im Klassenraum bei weitem durchdringender, für mich beinahe schon ein erbärmlicher Gestank. Das mußte wohl diese 'Furcht' sein, die so abscheulich roch! Und sie wurde größer, sobald ich den Lehrer ansah. Dieser war mir unheimlich und zu groß. Ich vermied es, ihn anzusehen."

An der folgenden Erinnerung eines Schülers wird die materielle Situation der Schulen deutlich:

„Ich erhielt während meiner gesamten acht Jahre in der Volksschule nur einmal eine druckfrische Fibel. Alle anderen Bücher bekam ich aus zweiter Hand – aus vierter oder fünfter – woher sollte ich das so genau wissen? Nur an ordentliche Schüler, in meiner Klasse überwiegend weibliche, wurden Bücher, die sich noch in ansehnlichem Zustand befanden, weitergegeben und diese konnten dadurch zu einer unbegrenzten Lebenszeit gelangen, zumal die Mädchen den Einband noch mit sauberem, blauem Umschlagpapier geschont hatten. Schüler, die von vornherein als unordentlich eingestuft wurden, bekamen Schwarten mit Eselsohren, Tintenklecksen, Fettflecken und losen Blättern, von denen längst einige fehlten, und deren Umschlag wenn überhaupt, dann nur mit Zeitungspapier eingeschlagen war. Bei Weitergabe der Schulbücher machte der Lehrer auch schon mal Stichproben. Er nahm dann zum Beispiel ein x-beliebiges Sprachbuch und hielt einzelne Blätter desselben gegen das Licht, und entdeckte oft Flecken, durch die man hindurchschauen konnte. Dann riet er dem betreffenden Schüler, nicht ohne Ironie, daß man nicht unbedingt dort seine Hausaufgaben machen sollte, so man zuvor Ölsardinen genossen hatte.

Durch solche Bücher bekam man sogleich an der Stelle im späteren Zeugnis da, wo es um die Bewertung der „Ordnung" ging, eine ungünstige Ausgangsposition.

Aber man wußte auch aus solchem abgewirtschafteten Lernmaterial Nutzen zu ziehen. Hatte man nämlich als Hausaufgabe ein Gedicht zu lernen bekommen, das zufällig auf einer der verlorengegangenen Seiten der Fibel stand, und die Strophen daher nicht büffeln können, konnte man womöglich in der darauffolgenden Unterrichtsstunde mit der Nachsicht des Lehrers rechnen.

Apropos „rechnen": Beliebt waren doch die Rechenbücher, in denen schon hinter den Aufgaben die richtigen Ergebnisse gekritzelt standen; und die Hauptstadt eines Landes konnte man sehr leicht erraten, wenn sie auf der entsprechenden Atlasseite schon unterstrichen war."

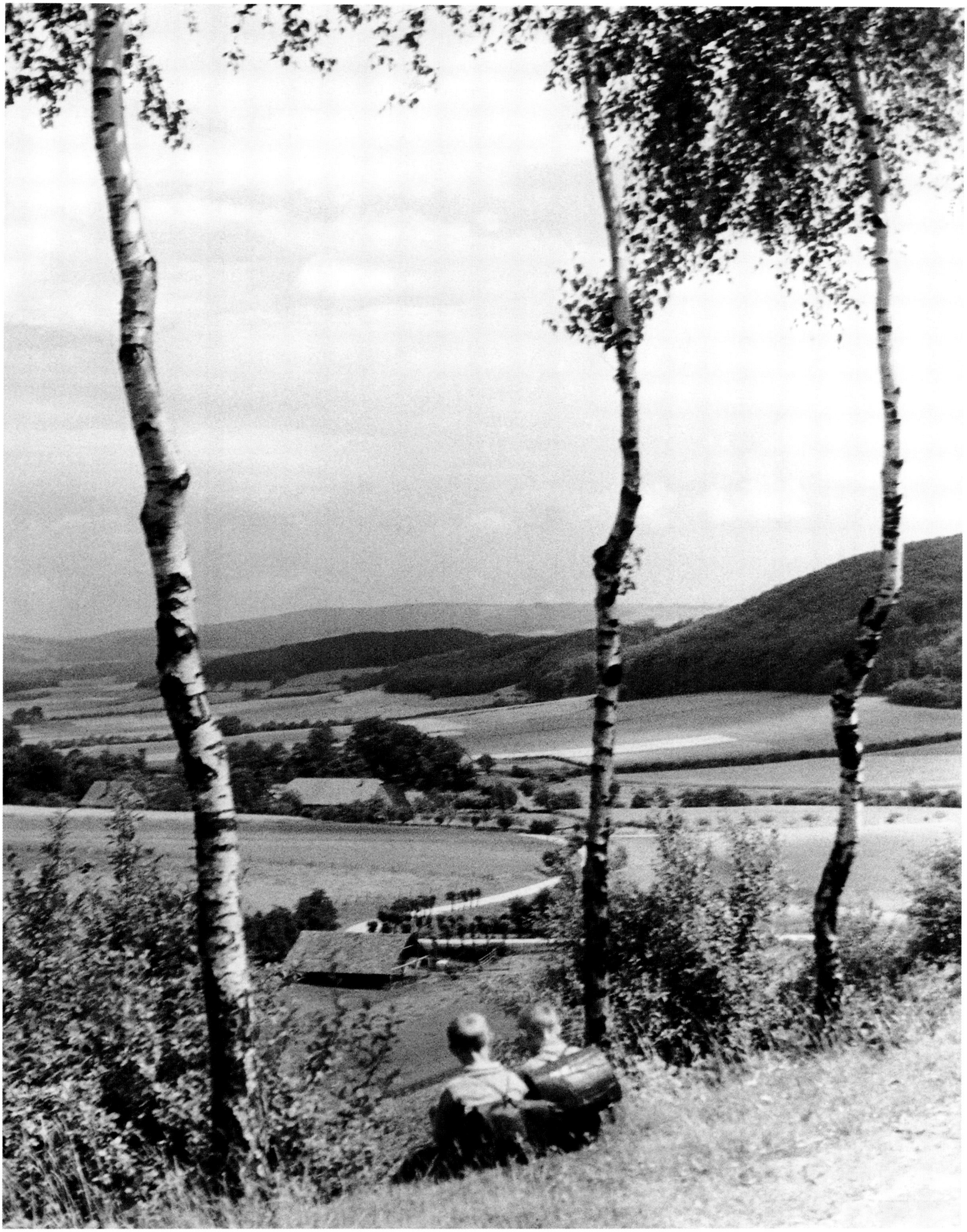

Mädchen und Jungen saßen streng getrennt in Zweierbänken, wie in dieser Schule in Hunnebrock.

Ein ehemaliger Schüler erinnert sich an den Klassenraum: „Wir saßen zu zweit in einer Bank, hatten Hände und Füße ruhig nebeneinander zu halten und durften beim Aufstehen nicht klappern. In jede Bank waren zwei Tintenfässer eingelassen und eine Rille für den Federhalter eingefräst. Sonst war der Raum spärlich eingerichtet: Katheder, Tafel, Rechenmaschinen, Waschbecken, Spucknapf; an der Wand einige Bilder, zwei Pappen mit großen und kleinen Buchstaben und eine Tafel 'Unsere Singvögel'."

In den 30er Jahren wurde der Rohrstock in fast allen Schulen als Erziehungsmittel benutzt: „Derjenige, der seine Hausaufgaben nicht gemacht, Vogelnester ausgenommen oder zu Erwachsenen frech gewesen war, machte Bekanntschaft mit diesem peinlichen Instrument."

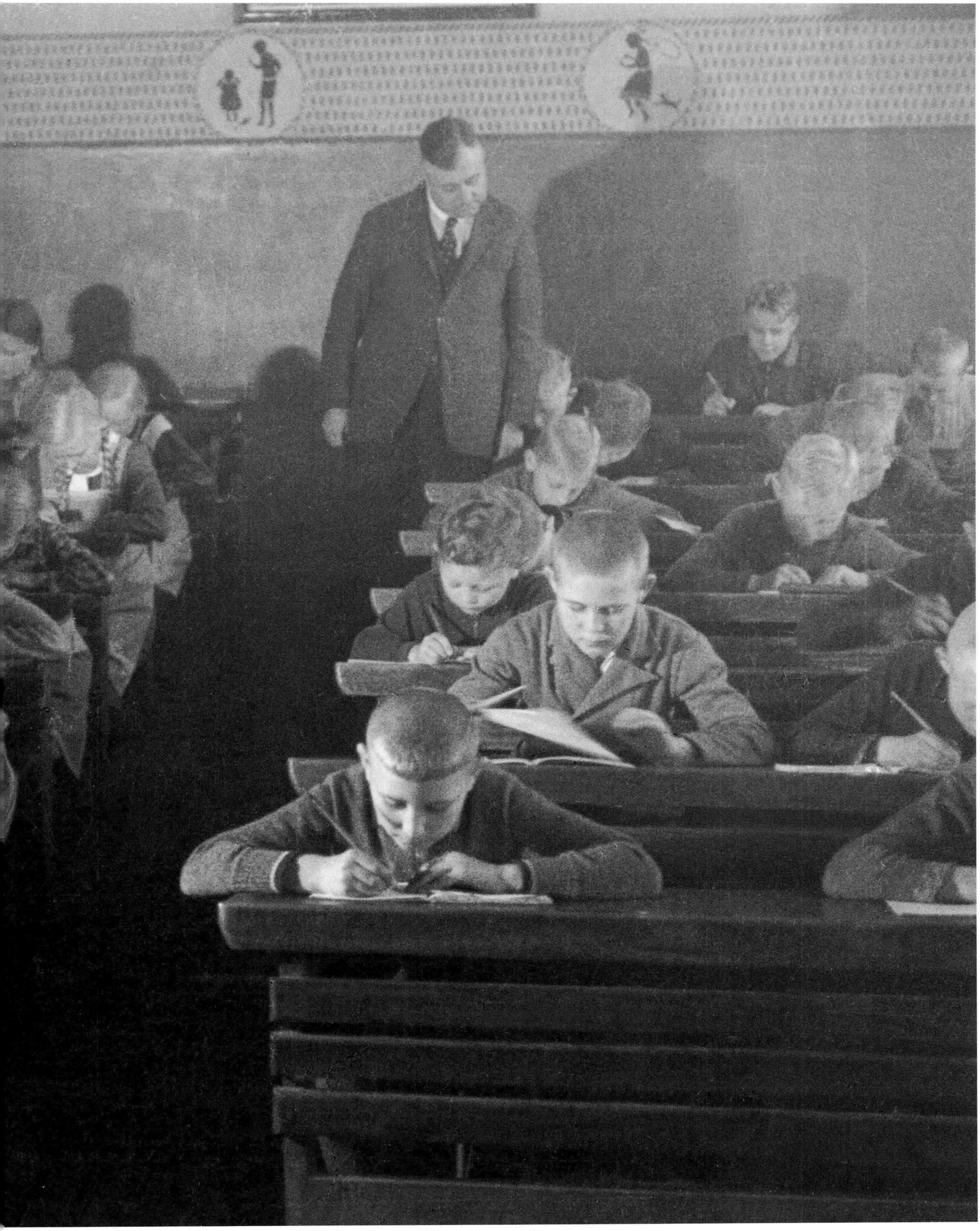

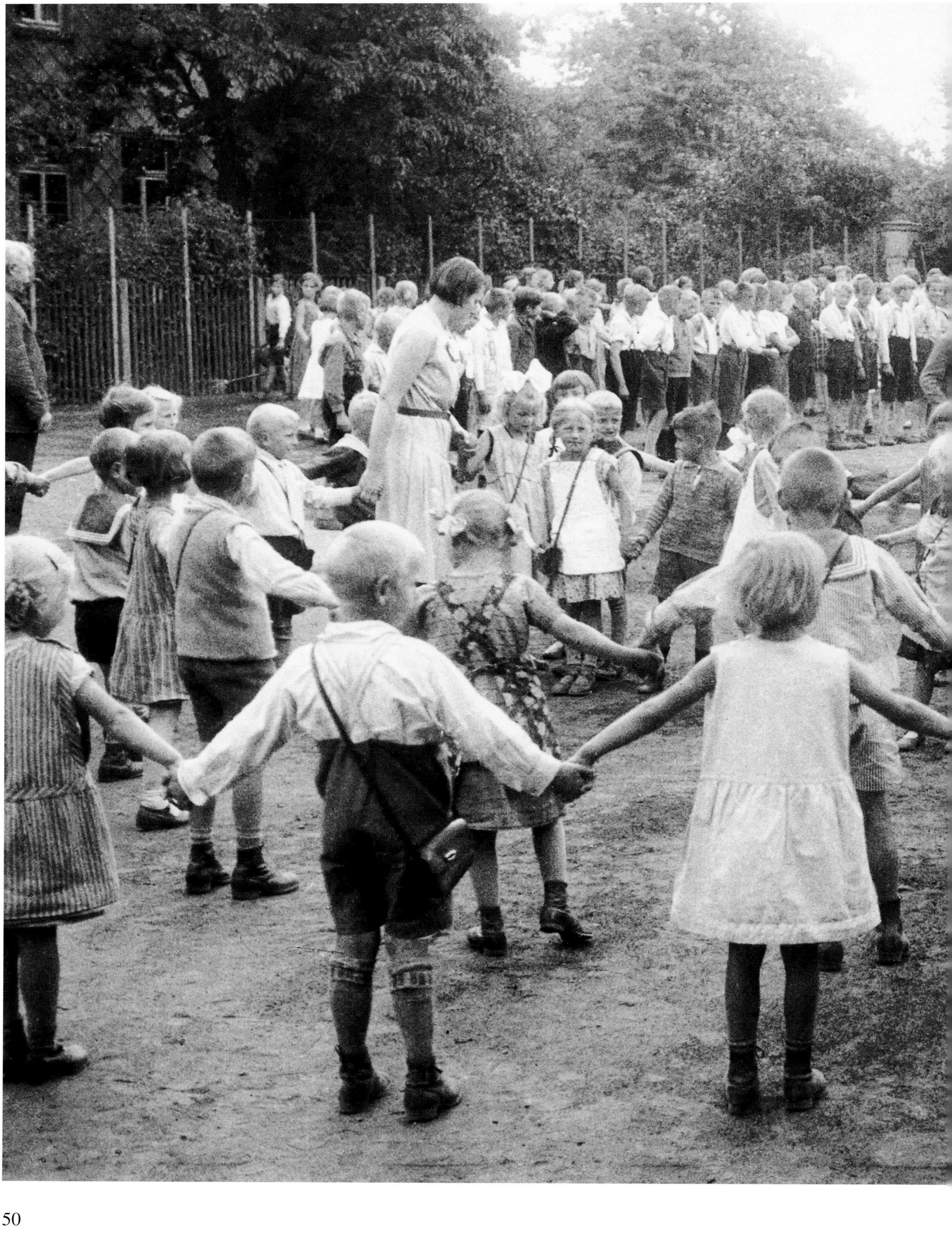

Schule bestand nicht nur aus Lernen, Zucht und Ordnung, sondern Spiel und Spaß außerhalb der Klassenräume nahmen ebenso ihren festen Platz ein.

„War der Kreis dann groß genug, gab es 'Der Plumpsack geht rum', 'Es war einmal ein kleiner Mann' oder sogar 'Das Wandern ist des Müllers Lust'. Wieviel Spaß machte es immer wieder mit 'Windet, windet eine Welle', eine Art Schneckenspiel mit Tempo oder bei dem 'Ziehen durch die Brücken' nachher die 'Engel' zu tragen und die 'Teufel' zu rütteln und schütteln", weiß eine Herforderin zu erzählen.

Foto oben: An das Spielen auf dem Schulhof erinnern sich heutige Senioren immer noch gern und lebhaft.

Fotos rechts: Schulbusse für den täglichen Schulweg gab es noch nicht. Doch wurden damit Ausflüge gemacht, wie zum Beispiel in die sog. Badeanstalt. „Sie diente weniger der anspruchsvollen Spielerei einer Freizeitgesellschaft, sondern vor allem der Abkühlung an heißen Sommertagen. Wenn bei der Planscherei in dem kalten Naß auch noch beiläufig jemand schwimmen lernte, so war das ein gern gesehener Nebeneffekt. Entsprechend dieser Zweckbestimmung wäre damals natürlich niemand auf den Gedanken gekommen, das Wasser zu erwärmen. Es war eiskalt.
An solchen heißen Tagen waren wir nicht aus dem Wasser zu kriegen. Stundenlang lagen wir auf den heißen Zementplatten, und die Sonne trocknete unsere Fußspuren und Badehosen. Schön ausgelaugt war die Haut, und der Feuerball am Himmel bescherte uns einen wunderbaren Sonnenbrand, der uns noch die ganze Nacht an den heißen Nachmittag erinnerte."

53

IV. Zwischen Faszination und Ernüchterung

Foto rechts: Einweihung der HJ-Führerschule auf dem Amtshausberg Vlotho, 1938.

Bereits nach der Machtübernahme der Nationalsozialisten wurde ihr Versuch spürbar, das Familienleben zu politisieren. Doch beherrschend wurde er in vielen Fällen nicht, da die Einflußnahme von dem alltäglichen Leben der Familien weitgehend abprallte.

Die Schule besaß weit mehr Möglichkeiten, die Kinder und Jugendlichen von der nationalsozialistischen Ideologie zu überzeugen. Der Unterricht erhielt das am deutlichsten nationalsozialistische Gepräge wohl nicht durch das, was in den Klassenzimmern geschah, sondern außerhalb.
Am reinsten konnten die nationalsozialistischen Erziehungsideen in der HJ verwirklicht werden.
Dieser Begriff bezeichnete sowohl die Gesamtheit der Jugendorganisation innerhalb der NSDAP, als auch die Gruppierung der 14–18jährigen Jungen.
Ab 1933 setzte die HJ nach und nach einen Monopolanspruch auf die gesamte Jugendarbeit außerhalb der Schule und des Elternhauses durch. Die NS-Führung erklärte die HJ 1936 zur Staatsjugend. Die Mitgliedschaft wurde für alle 10–18Jährigen zur Pflicht.
Zu den Erziehungszielen des „Reichsjugendführers" gehörte eine strenge Rollen- und Geschlechterteilung.
Die anfängliche Popularität der HJ wurde von der nationalsozialistischen Propaganda unterstützt, die nicht müde wurde, in Zeitungen und Kinowochenschauen das Bild einer fanatisch nationalsozialistischen Jugend zu vermitteln.
Ein Grund für den Erfolg der HJ dürfte darin gelegen haben, daß sie dem normalen Bedürfnis von Jugendlichen entgegenkam, eine jugendgemäße Lebensform, unabhängig von Eltern und Schule, zu finden.
In der HJ waren sie mit Gleichaltrigen zusammen, mit denen sie zusammen Wanderungen, Ausmärsche, Geländespiele, Zeltlager, Singen am Lagerfeuer, Reisen und Schlafen in Jugendherbergen unternahmen. Diese Aktivitäten waren sehr beliebt, zumal sie in den Anfängen unter Leitung von älteren Jugendlichen durchgeführt wurden.
Kindern und Jugendlichen wurde ein Eigenbewußtsein vermittelt, welches eng mit der Uniformierung zusammenhing. Zum ersten Mal in der Geschichte der Kinderkleidung trug die Jugend eine eigene Uniform, die mit gleichzeitig getragenen Uniformen von Erwachsenen nicht vergleichbar war. Für Kinder und Jugendliche mußte es so aussehen, als hätten sie mit ihrem 10. Lebensjahr einen Status der Eigenbestimmung erreicht, losgelöst von der Familie, Schule und Erwachsenenwelt. Das war ein verführerisches und bindendes Bewußtsein.

Der Entzauberungsprozeß setzte bereits 1936 ein, als die HJ zur Staatsjugend erklärt wurde. Der Mitgliederbestand erhöhte sich erheblich; für die neuen Mitglieder gab es keine geeigneten Führer mehr, da eine große Zahl bisheriger Anführer, die vielfach aus der Jugendbewegung kamen, zu alt geworden waren und deshalb ausschieden, beziehungsweise zum Wehrdienst eingezogen wurden. Die Folge war eine zunehmende Reglementierung und Disziplinierung. Die beiden wöchentlichen Nachmittage oder Abende, die pflichtgemäß in der HJ zu verbringen waren, wurden zunehmend militaristisch und verloren den spielerischen Charakter.
Das Ausmaß der Verbrechen des Regimes bestimmt heute alles Sprechen über das Leben in der damaligen Zeit. Doch wäre die Diktatur des Dritten Reiches nicht so gefährlich gewesen, wenn Unterdrückung, Zwang und Gewalt das einzige Gesicht des Dritten Reiches gewesen wäre. Das andere war Zustimmung, denn in dieser Welt konnten Jung und Alt das herkömmliche private Leben bequem weiterleben, wenn sie sich bedenkenlos an einige Reglements hielten.

Wenngleich bei den meisten Kindern und Jugendlichen schon lange vor Kriegsende eine Abkehr von nationalsozialistischen Idealbildern eintrat, so war dies noch lange keine ausreichende Grundlage für ein entstehendes demokratisches Bewußtsein. Denn obwohl der Nazismus nach dem Krieg diskreditiert war, hatten die Jahre unter nationalsozialistischer Herrschaft doch ihre Spuren im Denken der Kinder und Jugendlichen hinterlassen. Hinter dem Idealbild eines an Leistung und Arbeit orientierten, unpolitischen Lebens verbarg sich zumeist eine tief verwurzelte Bejahung autoritärer Strukturen.

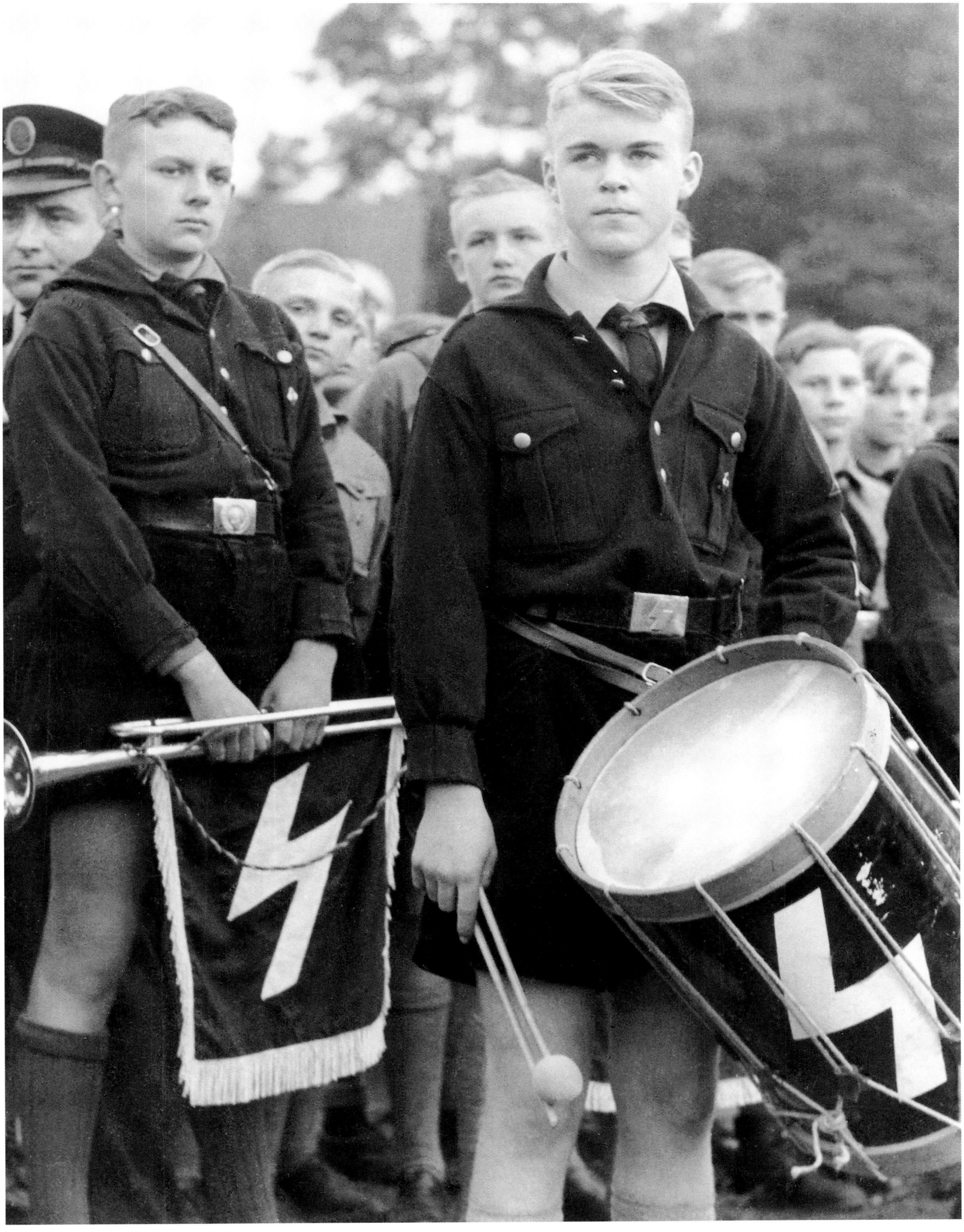

Foto oben: Aufmärsche und Fahnenappelle gehörten zum Alltag im Sommerlager. Oft waren sie den Jugendlichen lästig, doch wurden sie durch das abendliche Lagerfeuer wieder aufgewogen.

Die Jungen sollten in den vormilitärischen Einheiten der Hitlerjugend zu heroischen und todesmutigen Jungmannen erzogen werden. Die dauernd wiederholte Parole „Du bist nichts, dein Volk ist alles!" knüpfte an alte, anerzogene Vorstellungen von Einordnung und persönlicher Entsagung an. Doch trat jetzt an die Stelle von Familienwohl die anonyme Größe „Volk". Dieser Begriff hatte eine verpflichtende Ausstrahlung und bereitete die Jugend auf noch ungewohnten Befehlsgehorsam und tödliche Gefolgschaft vor.

Foto oben: HJ im Ferien-Zeltlager Espohl bei Lemförde.

Die Sommerlager des Jungvolkes dienten letztlich der Wehrertüchtigung der Jungen. Aber damals wurden sie nicht selten als Befreiung aus dem Alltag empfunden.
Deshalb sind den heute Siebzigjährigen Schnitzeljagden und Mutproben zumeist deutlicher in Erinnerung als politische Schulungsabende, auf denen die Grundsätze der Partei gepaukt wurden.

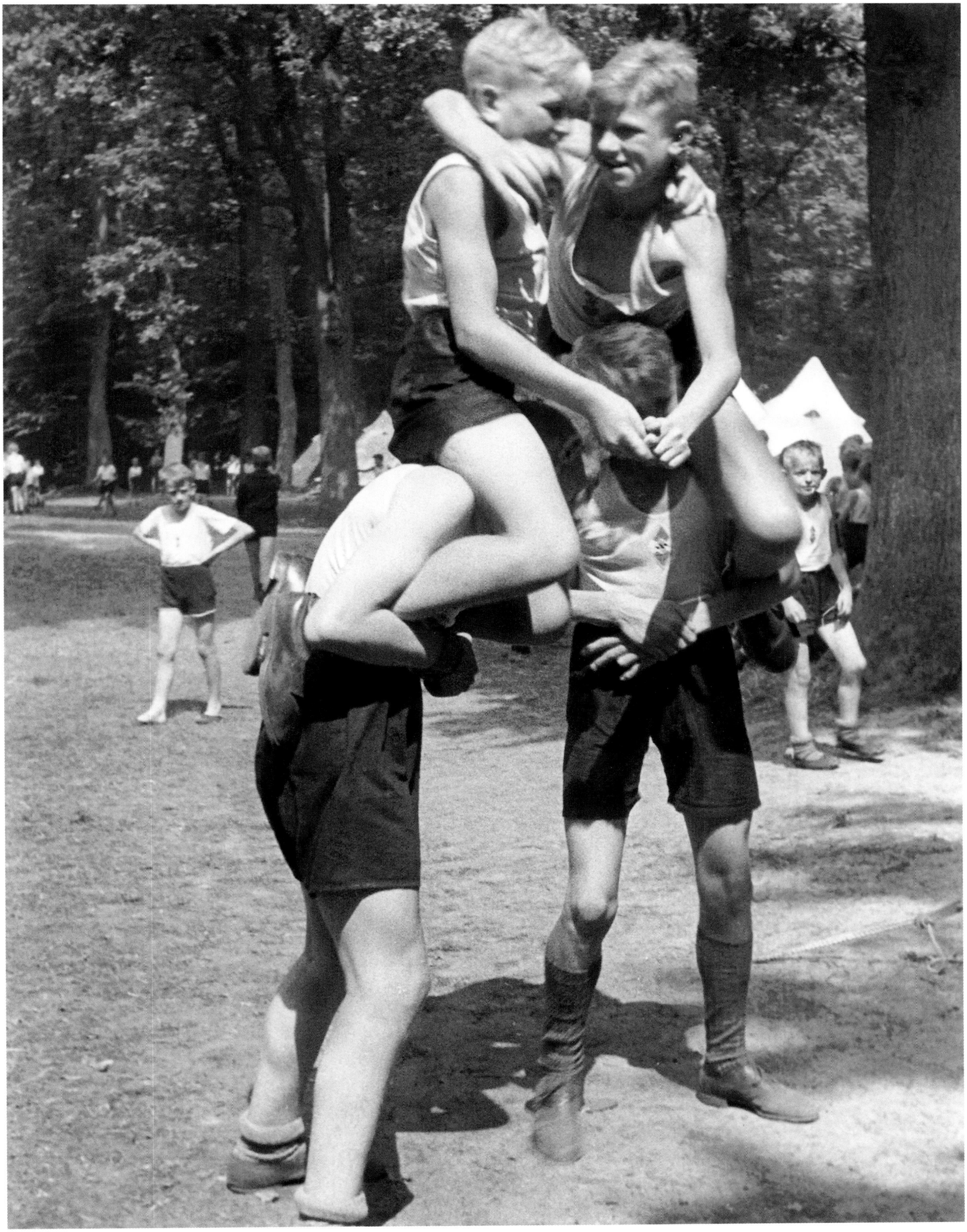

Wäre die Zwangsherrschaft stets als Gewaltherrschaft zu erkennen gewesen, hätte sie keine Verführung ausgeübt, die Millionen Kinder und Jugendliche in ihren Bann zog. Für diese Jungen aus dem Deutschen Jungvolk *(Foto oben)* stand ebenso wie für die BDM-Mädchen und Landmädel *(Foto unten und rechts)* ein vages Gemeinschaftserleben im Vordergrund und die ersehnte Gelegenheit, andere Gegenden als ihre engste Heimat kennenzulernen.

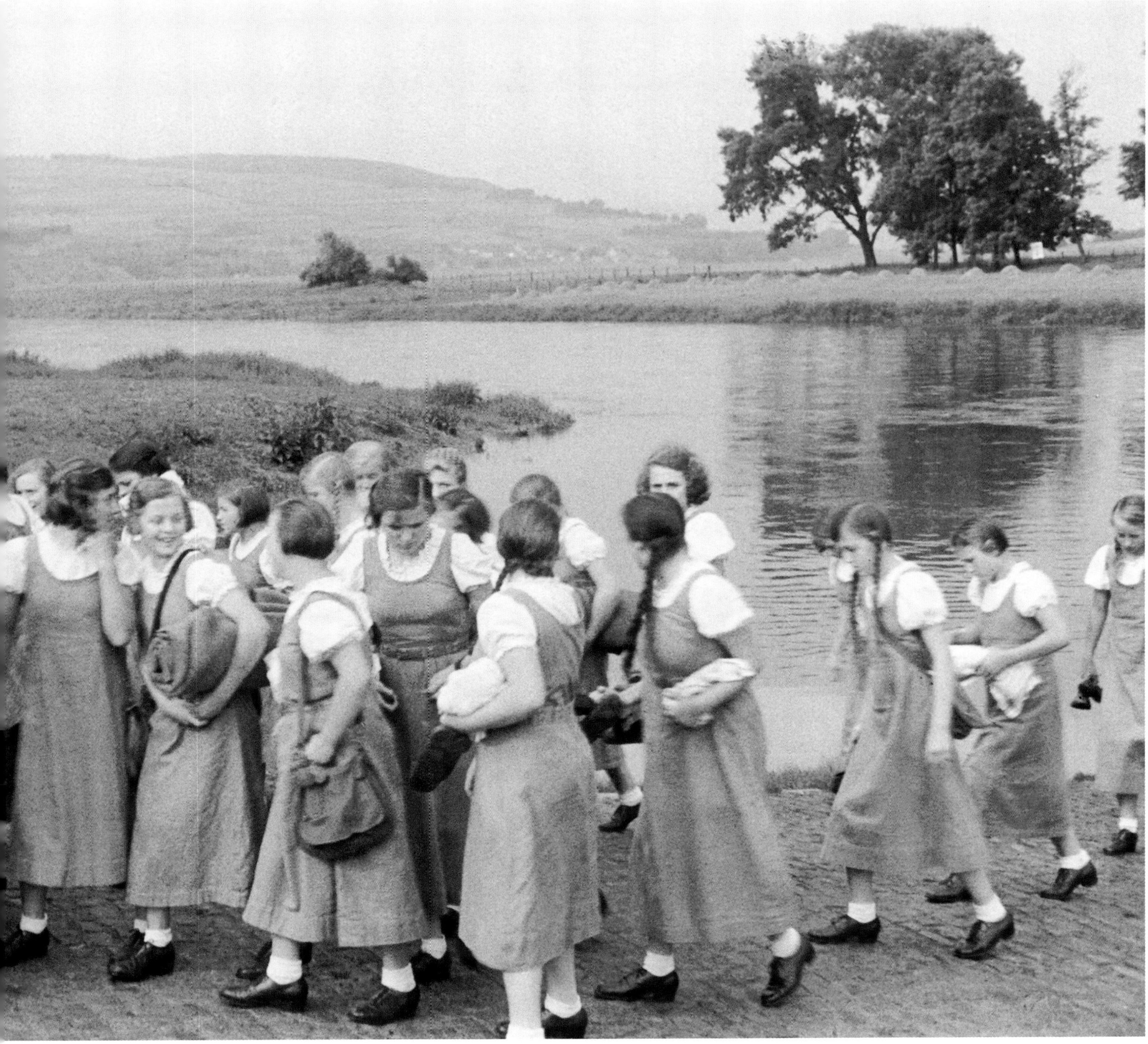

Gerade der zunehmende Kommiß-Dienst bei der HJ stieß viele ihrer Mitglieder ab. Intensiviert wurde diese Entwicklung durch die „Jugenddienstordnung" vom März 1939, nach der die 10-18jährigen mit Strafandrohung zu bestimmten Arbeiten herangezogen werden konnten.

Der Drill des HJ-Dienstes erwies sich langfristig als sicheres Mittel, um vielen Kindern und Jugendlichen die anfängliche Begeisterung für den Nationalsozialismus zu verleiden.

Eine Herforderin schreibt in Erinnerung an das HJ-Lied „Unsere Fahne flattert voran": „Ich singe es immer wieder leise in Gedanken. Dabei muß ich weinen – richtig weinen...Wie viele dieser fröhlichen jungen Menschen haben für diese (Ver)Führer ihr Leben gelassen!"

Weitere Bücher aus dem Wartberg Verlag

Anette Huss

Streifzüge durch Ostwestfalen-Lippe
Fotografien von Hans Wagner aus drei Jahrzehnten 1930–1960

Der Betrachter macht einen Streifzug durch die Region: von den Höfen, an den Feldern vorbei, auf denen Erntearbeiten im Gange sind, kommt er zur Mühle; er sieht Handwerker bei der Arbeit, treibt mit dem Verkehr auf den Wegen und Straßen in die Stadt, zu den Märkten, und gelangt in der Freizeit nicht selten wieder hinaus auf's Land.

64 S., geb., Großformat, s/w-Fotos
ISBN 3-86134-276-6

Babette Gerbode, Reinhard Lüpke,
Marianne Witt-Stuhr, Jan Witt

Zeitreise durch Ostwestfalen-Lippe
Ausflüge in die Vergangenheit

Die Autoren unternehmen mit uns eine Zeitreise durch Ostwestfalen-Lippe zu den bekannten Plätzen der Geschichte. Es ist eine bewegte Geschichte, die wir da vor Augen haben. Mit den Autoren im Staub der Jahrhunderte zu stöbern, ist beileibe keine trockene Angelegenheit.

80 S., geb., Großformat, Farbfotos
ISBN 3-86134-322-3

Wartberg Verlag
34281 Gudensberg-Gleichen, Im Wiesental 1
Tel.: (05603) 4451/2030/2033 – Fax: (05603) 3083

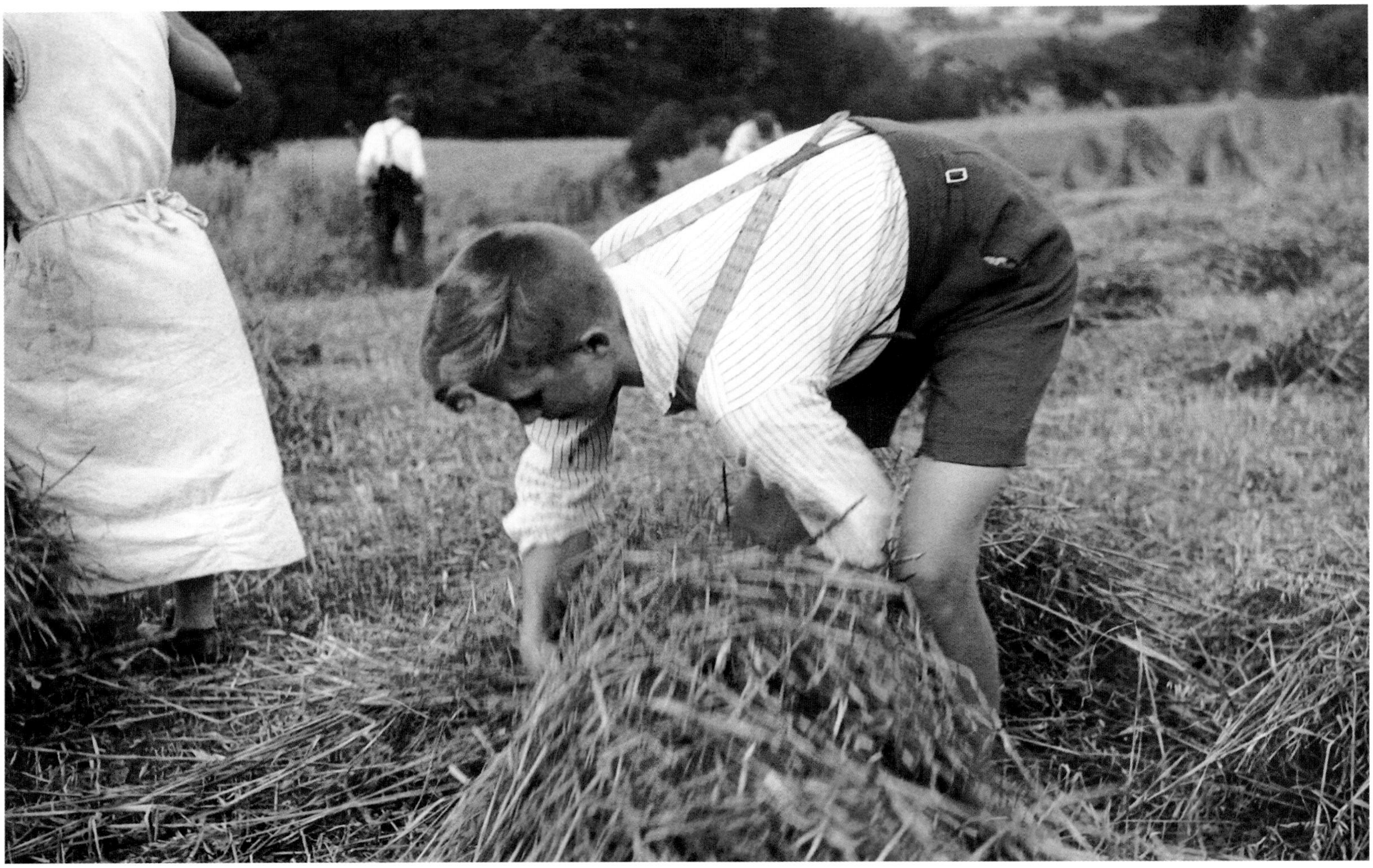

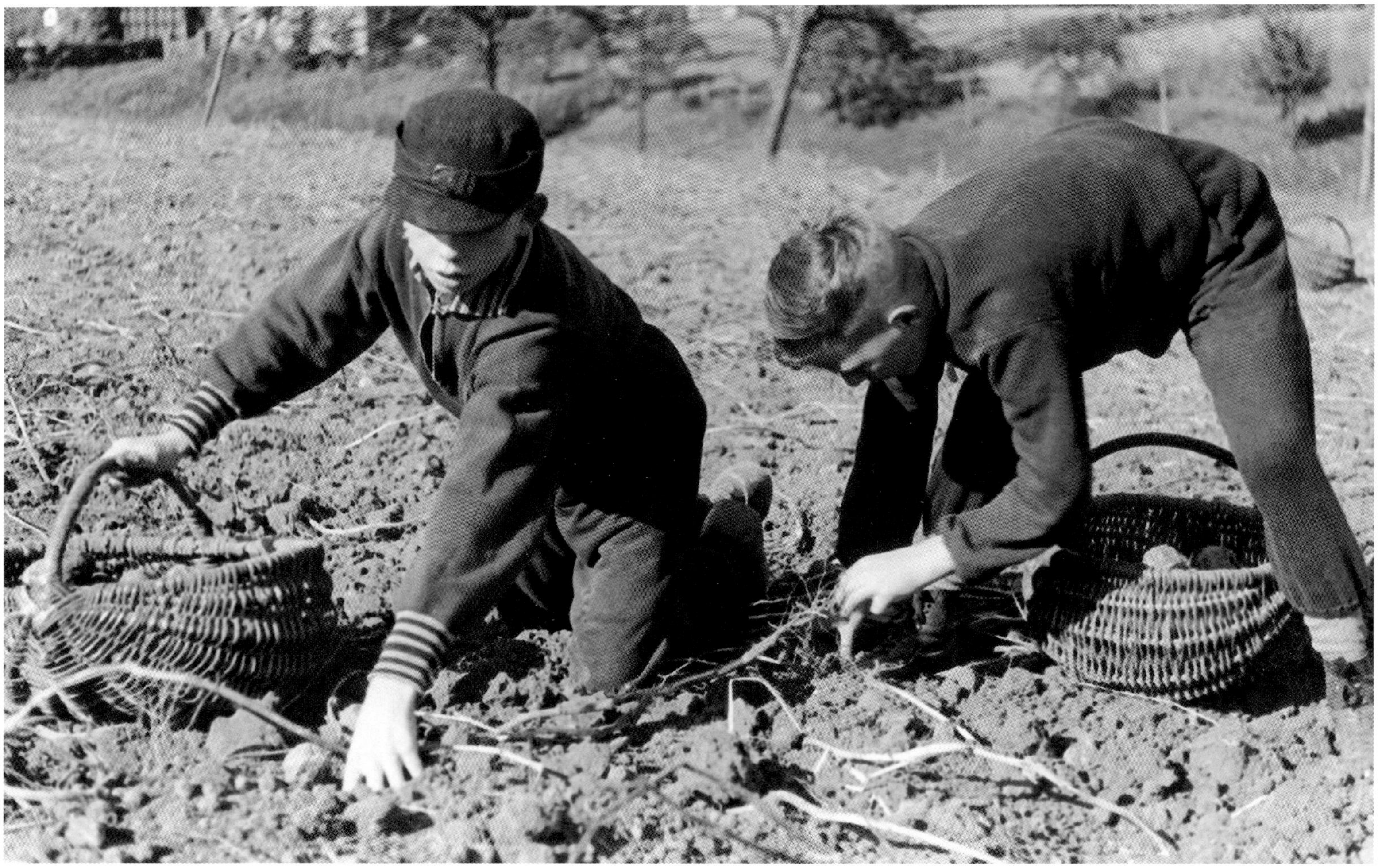